Gustav Reichenbach

Henrici G. Reichenbach fil.

Otia botanica Hamburgensia

Gustav Reichenbach

Henrici G. Reichenbach fil.
Otia botanica Hamburgensia

ISBN/EAN: 9783743437760

Hergestellt in Europa, USA, Kanada, Australien, Japan

Cover: Foto ©ninafisch / pixelio.de

Manufactured and distributed by brebook publishing software
(www.brebook.com)

Gustav Reichenbach

Henrici G. Reichenbach fil.

Henrici G. Reichenbach fil.

Otia botanica Hamburgensia.

Fasciculus primus.

I. Orchideae F. C. Lehmannianae ecuadorenses. II. Orchideae Godefroyanae cambodianae. III. Orchideae E. C. Parishianae burmenses. IV. Orchideae Wilkesianae ineditae. V. Orchideae Schweinfurthianae aethiopicae.

Fasciculus secundus cum tabulis, quarum decem jam lapidibus sunt incisae, serius edetur.

Hamburgi,

dieb. fest. paschal. 1878.

Typis Theodor. Theophil. Meissneri, Amplissimi Senatus, Gymnasii et Ioannei Typographi.

I. Orchideae F. C. Lehmannianae ecuadorenses.

Herr F. C. Lehmann aus Werder hat für die berühmte Firma H. Low & Comp., Upper Clapton, London, N. E. einen Theil des westlichen Südamerikas bereist, wesentlich um lebende Pflanzen zu sammeln. Im Einverständniss mit Herrn Low hat der ebenso kühne als geschickte und glückliche Botaniker mir mehrere Sammlungen getrockneter Orchideen gesendet, welche unter die ausgezeichnetsten Beiträge gehören, die ich empfangen. Es sind nicht die einzelnen Blüthen ohne Nachrichten, sondern fast durchgängig ganze Exemplare und selbst von solchen Pflanzen wie Stanhopea, Cycnoches, Catasetum, wo ein gewisser Heroismus dazu gehörte. Folge davon ist, dass wir Herrn Lehmann, der mit einer offenbar tüchtigen Kenntniss des Bekannten versehen, als den Entdecker von manchen Arten begrüssen werden, vor deren Sammlung seine Vorgänger, besonders Jamieson, sich gescheut haben mögen. Dazu erhielt ich viele sehr schätzbare Notizen. Ich glaube nicht, dass es zeitgemäss ist, die genauen Localangaben zu veröffentlichen. Bei der jetzigen grossen Concurrenz im Orchideensammeln würden sie dazu dienen, manche Pflanzen der Zerstörung zu opfern. Der Vandalismus, mit dem besonders unintelligente Sammler selbstständigen tüchtigen Vorgängern folgend, Alles vernichten, ist nicht zu unterstützen. Ich weiss, dass Manche meine Ansicht nicht theilen und „im Interesse der Wissenschaft" jede Detailangabe fordern — um dann Guineen mühelos zu verdienen. Es geht eben im Gartenwesen mit der „Wissenschaft", wie in der Politik mit dem Christenthume. Nachdem die Herren Low & F. C. Lehmann Mittel und Leben oder Gesundheit für ihre Ziele auf das Spiel gesetzt, halte ich mich nicht für ermächtigt, ihr Vertrauen zu missbrauchen. Dieser meinerseits immer eingehaltenen Verschwiegenheit, danke ich es, dass ich die unbekannt gehaltnen Unternehmungen der Londoner Firmen in der Regel kenne und ihre pflanzengeographischen Ergebnisse erfahre.

Im Uebrigen will ich darauf aufmerksam machen, dass eine auffällige Harmonie zwischen der Orchideenflora von Costa Rica und Ecuador herrscht. Es wird das schon aus dem Vergleich mit den Orchideen Endres' hervorgehen. In der Regel sind die Arten äusserlich überraschend ähnlich, erweisen sich aber

1 *

bei näherer Untersuchung als verschieden. Es wäre sehr zu wünschen, durch oreographische und climatologische Daten belehrt zu werden. Moderne Theoriespinner werden ihrer nicht bedürfen. Eine Wolke von organischen Keimen, die sich über Costa Rica ergossen, sparte alsdann ihre übrigen Keime für Ecuador. So wird es wohl gewesen sein — vor wie viel Millionen von Jahren?

1. **Cranichis macroblepharis:** folio basilari uno seu foliis geminis breve petiolatis oblongis acutis, pedunculo ultra spithamaeo vaginis paucis (3) amplis, racemo densifloro brevi, bracteis triangulis acuminatis uninerviis, ovaria apice rostrato contracta subaequantibus, sepalis triangulis acuminatis uninerviis, tepalis linearibus obtusiusculis longe ciliatis, labello oblongo calceolari simpliciter trinervi, apice apiculato inflexo.

4000' Guayaquil. Auf dem Boden und auf ganz verwitterten Baumstämmen. Blüthe weiss. Juni 1876.

Obs. Ab affini Cranichide ciliari II. B. Kth.! labello simpliciter trinervi facillime distinguitur. Dimensiones partium eaedem.

2. **Cranichis Lehmanni:** foliis in caulis basi paucis (ternis) aggregatis petiolatis ellipticis acutis, pedunculo pedali distanter vaginato, vaginis quaternis, inferioribus amplis, superioribus duabus squamaeformibus, racemo cylindraceo multifloro densifloro, elongato, bracteis triangulo setaceis ovaria pedicellata aequantibus, sepalis oblongis obtusis trinerviis, tepalis lineariligulatis uninerviis, labello elliptico obtuse acuto quinquenervi, trabeculis nervorum lateralibus disco incrassatis tumidis. Folia illis Cranichidis muscosae Sw. aequimagna. Flores minores.

Quito 7000'. Auf dem Boden. Blüthen weiss. Juni 1877.

3. **Sobralia rosea Pöpp. Endl.**

Westcordilleren. Blüthen mit violettrosa leicht angehaucht. Lippe dunkler gestreift und gefleckt. Auf dem Boden. Bis sieben Fuss hoch.

4. **Odontoglossum Lehmanni:** aff. Odontoglosso tripudianti Rchb. f. racemo elongato polyantho, bracteis triangulis brevibus, sepalis tepalisque cuneato oblongis acutis, labello unguiculato basi columnae adnato dein dilatato hastato oblongoligulato apice dilatato bilobo cum cuspide parva, lateribus medianis serratis, lamellis denis utrinque ante basin quaternis superioribus arctius approximatis triangulis, anterioribus quadratis anticis medianis rhombeis lobatis, columnae trigonae alis quadratis integris.

Quito. An niedrigen Bäumen und an Gesträuch. März 1877. 8200'.

5. **Odontoglossum angustatum Lindl.**

Quito. Nicht getrocknet vorliegend. Blühte vor einiger Zeit bei Herrn Low, welcher ein lebendes Exemplar einsandte.

6. **Odontoglossum claviceps** Rchb. fil. Garden Chronicle 1876. Vol. VI. p. 516. Oct. 21: affine Odontoglosso angustato Lindl.: sepalis lineari-lanceis acuminatis, lateralibus labello suppositis; tepalis cuneato rhombeis acuminatis undulatis; labelli ungue columnae adhaerente, lamina oblonga acuta. callo bicarinato. pluriserrato; columna brevi crassa, superne capitato incrassata aptera. Flores ex icone missa cinnamomei flavo praecincti. Quito.

7. **Oncidium pusillum** Rchb. fil. (iridifolium H. B. Kth). Chimborasso 600—1800'. An Gebüsch und auf todtem Holz. April 1877.

8. **Oncidium olivaceum** H. B. Kth.! (cucullatum Lindl.!). Ich habe im Pariser Herbar das Originalexemplar des Oncidium olivaceum studiert. Es ist gar kein Zweifel, dass es die jetzt als Oncidium cucullatum wohlbekannte Pflanze ist.
Quito. 10—11000'. Februar 1877.

9. **Oncidium nubigenum** Lindl. Cuenca. 11000'. 17. September 1876. — Quito. 10—1100'. Februar 1877.

10. **Oncidium virgulatum** Rchb. fil. Guayaquil. 5—7000'. Juni 1876.

11. **Oncidium hyphaematicum** Rchb. fil. ? Besonders auf Cereus-Arten. December 1876. Es wird das Fragezeichen bei einer von mir selbst aufgestellten Art sehr auffallen. Es erklärt sich dadurch. dass die Blüthen, wie die vieler anderer Arten, durch Schimmel fast ganz zerstört wurden.

12. **Oncidium rupestre** Lindl. Loja. 8—10000'. October 1876.

13. **Sigmatostalix picta** Rchb. fil. Quito. An Bäumen. 5500'. Blüthen schmutzig gelb mit braun. Juni 1877. Ein höchst auffallender Dimorphismus! Einige Blüthen mit ganz kurzer dicker. die andern mit der längst bekannten und beschriebenen schwanenhalsigen Säule.

14. **Comparettia falcata** Pöpp. Endl. Ost-Cordilleren. An Bäumen. Juni 1877.

15. **Scelochilus Jamesoni** Lindl. Quito. An Bäumen. Bis 9000'. März 1877.

16. **Mesospinidium vulcanicum** Rchb. fil. Quito. Juni 1877.

17. **Mesospinidium sanguineum** Rchb. fil. Loja 6—8000'. Juni 1876.

18. **Mesospinidium roseum** Rchb. fil. Loja 10000'. October 1876.

19. **Lockhartia serra:** caule stricto, foliis triangulis obtuse acutis illos Lockartiae parthenocomos prope aequantibus. inflorescentiis apicilaribus, subpaniculatis, paucifloris, bracteis ovatis acutis multinerviis, sepalo summo oblongo, sepalis lateralibus angustioribus complicatis, tepalis ovatis obtuse acutis, labello tripartito, partitionibus lateralibus basilaribus linearibus basi angulatis divaricatis, partitione media pandurata. antice utroque latere dilatata, utrinque semioblonga, callo baseos triangulo seriebus quinis dentium in disco ad basin laciniae mediae, columnae aliis subquadratis.

Ebene bei Guayaquil an Bäumen. Mai 1876.

20. **Telipogon obovatus** Lindl.

Gewöhnlich auf niedrigem Gesträuch und trockenen Zweigen. Blüthen gelb oder rahmgelb. 9000'. August 1876.

21. **Telipogon Hartwegii** Rchb. fil.

Quito. Blüthen gelb mit braun linirt. Blüht sehr reichlich. An niedrigem Gesträuch. 9000'. August 1876.

22. **Telipogon dendriticus:** foliis approximatis cuneato ligulatis acutis, pedunculo subaequali alato ancipiti apice paucifloro racemoso, bracteis carinatis triangulis ovaria pedicellata longe non aequantibus, sepalis triangulis trinerviis dorso medio carinatis, tepalis obtusangulo rhombeis undecimnerviis transverse nervillis trabeculatis, labello transverse rhombeo breviter acuto, septendecimnervi, nervillis transversis nervum proximum non attingentibus. columna setosa.

Mensurae Telipogonis Hausmanni Rchb. fil.

Blüthen gelb mit braun geadert. An niedrigem Gesträuch. Anden von Quito. 9000'.

23. **Telipogon polyrrhizus:** foliis approximatis cuneato ligulatis acutis, pedunculo longiori vix compresso, aptero, apice racemoso paucifloro (usque quadrifloro), bracteis triangulo naviculoribus acuminatis ovaria pedicellata subaequantibus, sepalis triangulis, sepalo impari trinervi, sepalis lateralibus sesquinerviis, omnibus supra nervum medium carinatis, tepalis rhombeis, obtusangulis novemnerviis, labello transverso obtusangulo breve acuto quindecimnervi, omnibus nervis tepalorum et labelli juxta lineam utrinque brunneo lavatis, columna setosa.

Mit T. dendriticus.

24. **Anguloa Ruckeri** Lindl.?

Tunguragua 6000'. An Steinen und auf dem Boden. März 1877.

Die Blüthen derartig von Schimmel zerstört, dass die Bestimmung sehr zweifelhaft, was um so mehr zu bedauern, als bisher meines Wissens weder Anguloa Ruckeri Lindl. noch A. Clowesii Lindl. bisher aus Ecuador vorliegt.

25. **Lycaste Denningsiana** Rchb. fil.?
Auf der Erde. März 1877.
Dieselbe Bemerkung, wie bei voriger. Das Vaterland der Lycaste Denning-siana, die nur in Lord Londsborough's Garten bisher blühte, woher ich sie erhielt, ist bisher unbekannt.

26. **Lycaste mesochlaena** Rchb. fil.?
Blüthen weiss. Auf der Erde. März 1877.

27. **Maxillaria lepidota** Lindl.
Loxa. 5000'. October 1876. Quito Juni 1877. Blüthen gelbbraun.

28. **Maxillaria lepidota** Lindl. **var. albida:** flore albo, labello tamen pallide violaccorubro.
Guayaquil. 500'. Juli 1876.

29. **Maxillaria muscicola:** aff. M. lepidotae Lindl. foliis cuneato oblongis acutis 0,1 m longis, 0,35 m latis, pedunculis paulo longioribus vaginis acutis vestitis, bractea lanceo acuminata, perigonii dorsum basilare aequante, mento bene angulato, sepalis triangulis acuminatis tepalis paulo brevioribus, labello ligulato basi rotundato apice trifido, laciniis subaequalibus, laciniis lateralibus ligulatis obtusis. lacinia mediana triangula marginata inferne ancipiti crassa, punctis radiantibus aspera, callo oblongo marginato ligulato obtuso a basi in discum, columna trigona minute denticulato marginata.

Planta Maxillariae lepidotae Lindl. valde affinis recedit foliorum natura ac labelli lacinia media. „Folia atroviridia, quasi velutina, flores brunnei et flavi." Quito.

30. **Maxillaria divitiflora:** pedunculo 0,17m alto distanter vaginato, vaginis inferioribus amplis acutis. floris mento obtuso, sepalis curvulis lineari-lanceis acutis tepalis subaequalibus, labello cuneato dilatato trifido, lacinia mediana carnosa superne basi plana triangula, lineis per discum elevatis medianis angulatis geminis non abruptis, laciniis lateralibus obtusangulis, columna clavata brevi.

Maxillaria brevipes Lindl. bene recedit labello per discum plurisulcato, laciniis apice subaequilongis, lacinia media planiuscula non ancipiti.

Maxillaria colorata Rchb. fil. optime recedit callo parvo transverso labelli et lacinia media bene truncata. Tres hae species gregem parvum efficiunt floribus curvatis prope Maxillariae nigrescentis Lindl. gregem collocandum.

Quito. 8000'. An Bäumen. Blüthen gelb oder rothbraun, zahlreich an Einem Bulb erscheinend. Juni 1877.

31. **Maxillaria grandiflora** Lindl.
Loja. Auf Bäumen. Bis 9000'. October 1876.

32. **Maxillaria Lehmanni:** affinis Maxillariae grandiflorae Lindl. folio duplo latiori cuneato oblongoligulato, bractea ampla oblonga acuta naviculari ovario longiori, sepalis latis oblongis acutis, tepalis oblongis acutis, labello flabellato antice attenuato acuto valde crispulo obscurissime trilobo callo depresso antice bilobo seu trilobo abrupto in disco anteriori, disco superiori furfuraceo, columna incurva trigona.

Blüthe dickfleischig, rein weiss. Lippe weiss mit Rothbraun gestreift und punktirt nach Art der Maxillaria grandiflora. Von dieser schon durch den so dicht bescheideten Blüthenstiel verschieden. Die Blüthe ist so gross, wie die der Lycaste Skinneri. Die Lippe war eigenthümlich kraus.

Quito. 7 — 8000 '.

33. **Maxillaria fractiflexa:** vaginis juvenis caulis (pseudobulbi) triangulis acutis distichis (ad 0,48 m longis, 0,55 m latis), foliis petiolatis oblongo ligulatis acutis (ad 0,48 m longis. 0,055 m latis), pedunculis gracilibus elatis, vaginis arctis acuminatis (0,036 m altis). bractea ligulata acuta ovario pedicellato sublongiori. mento obtusangulo subacuto, sepalis triangulo linearibus acuminatis (siccis 0,11 m longis), lateralibus fractiflexis. tepalis subaequalibus brevioribus tectis, labello oblongo apice trifido. laciniis lateralibus obtusangulis lacinia mediana triangula, callo lineariligulato antice abrupto obtuso a basi in discum ultra medium. basi sulcato, columna crassa elavata.

Quito. 7000 '. Die beiden Petalen sind stets nach vorn spiralig gedreht und weissgelb, während die Sepalen gelbbraun sind und die beiden unteren eigenthümlich vertical nach unten hängen. Juni 1877. — Baños. 600 '. Auf der Erde. März 1877.

34. **Chrysocynis sp.**

Grösser als Chrysocynis Schlimii Rchb. fil. 7000 '. Auf Boden und an Steinen. Blüthen gelbbraun.

Anm. Die Lippe fehlt, daher ich natürlich von der Beschreibung absehen muss.

35. **Zygopetalum Roezlii b. euglossum** (Zygopetalum euglossum Rchb. fil.).

Zahlreiche Exemplare haben die Mittelformen geboten zwischen den beiden Arten, welche zuerst in ihren Extremen weit verschieden mir vorkamen.

Herr Lehmann hat nicht nur eine ausgezeichnete Abbildung in Folio, sondern auch eine Beschreibung eingesandt. Letztere theile ich hier mit.

„Blätter bis 0,6 m lang, vor der Basis schmal, bis zu drei Viertheilen der Länge breiter, nach oben spitz auslaufend, mit starker Mittelrippe und hervorragenden Adern, von etwas weicher Beschaffenheit. Blüthen an 12 bis 17 cm langen Stielen, zart milchweiss, an den Spitzen der Sepalen und Petalen in ein leichtes Violett bis Rosa übergehend. Die Lippe ist rundlich herzförmig, an der

Spitze zweilappig, stets an den Seiten nach unten umgerollt, wodurch sie eine länglich gebogene Masse bildet. Nach der Basis ein starker zweihöckriger Callus und von diesem mit einer starken Ader an der untergebogenen schaufelförmigen Säule übergehend. Der herzförmige Theil der Lippe ist von derselben Farbe, wie die Spitzen der Sepalen und Petalen, indessen von tieferer Färbung. Die Schwiele ist weiss, elfenbeinartig, mit ganz sanften rosenrothen Streifen, öfter auch ganz so gefärbt. Die Säule ist weiss und trägt in der Höhlung etwas Rosa. Die Blüthen, wenn völlig geöffnet, messen 7—10 cm im Durchmesser."

Bei 3000—4000' hat 'die Pflanze viel tiefere, dunklere Farbe, als wenn man sie tief unten, bei 1000' antrifft.

Guayaquil 1000'. August. Cuenca 600—1600'. Alausi 900—4000'.

36. **Zygopetalum (Kersteinia) bicallosum:** ebulbe, foliis cuneato ligulatis acuminatis papyraceis spithamaeis, pedunculis tenuibus multo brevioribus, unifloris, vaginis geminis acutis, bractea triangula acuta ovario pedicellato multo breviori, mento bene evoluto, sepalis ligulatis acutis, tepalis subbrevioribus, labello cuneato oblongo acuto integro, callo uno in basi semigloboso, callo altero subquadrato in disco papulis asperis minutis inter utrumque callum, columna trigona sine carina sub fovea.

Blüthen braun. Bei Guayaquil in der Ebene. August.

(**Obs.** Juvat affinem, licet diversissimam speciem addere, a fratribus Klaboch verosimiliter etiam in ditione ecuadoreana lectam Z. gramineo Lindl. mensuris aequalem, flore igitur quam in praecedenti majori.

(37.) **Zygopetalum expansum:** ebulbe, foliis petiolatis cuneato ligulatis acuminatis granineis, prope spithamaeis, pedunculo unifloro tenui, sepalis ligulatis lanceis, tepalis amplioribus, labelli hypochilio ovato foveato, callo in basi oblongo profunde unisulcato bene didymo, epichilio expanso, profunde fimbriato, columna trigona sub apice valde dilatata, utrinque quadrato ampliata, gibbere transverso elongato sub fovea. Kersteinia expansa.

Flos viridulus. Sepala atropurpurea, apicem versus infra atropurpureostriata. In hypochilio medio maculae atropurpureae.

38. **Stanhopea connata** Klotzsch.

Wächst auf dem Boden. Ostcordilleren. Blüthen gelb mit brauner Basis. März 1877.

39. **Stanhopea tricornis** Lindl.

Westcordilleren. 1000—3800'. Blüthen zart gelbweiss. Lippe elfenbeinartig. April 1877.

40. **Catasetum expansum:** sepalis tepalisque latis ligulatis obtuse acutis, labello obtusangulo rhombeo integerrimo ante basin angulato serrato, tumore subtriangulo ante ostium.

Caulis fusiformis usque semipedalis. Folia petiolato cuneata oblonga acuta, media 0,05 m lata ultra pedalia. Racemus pauciflorus. Flores atropurpurei illis Catasoti saccati similes, cui magnopere affine, sed labelli figura sepalis tepalisque brevioribus bene recedit. Flores forsan brunnei.

Ecuador.

41. **Cycnoches Lehmanni**: aff. Cycnochi ventricoso Bat. callo labelli basilari in ligulam liberam ascendentem expanso.

Pseudobulbus fusiformis usque spithamaeus pro genere haud crassus. Folia oblongoligulata acuta cuneata. Racemus triflorus. Bracteae oblongae acutae ovariis pedicellatis ter usque quater breviores. Sepala lanceo acuminata. Tepala oblonga subito attenuata acuminata. Labellum manifeste unguiculatum lamina oblonga acuta convexa, callo in basi angulato crasso ascendente parte antica libero. Flos flavus. Callus et unguis et ovarium pedicellatum viridula.

Hier Herrn C. F. Lehmannus Beschreibung.

„Pseudobulben 12—15 cm lang, walzig, nach oben spitz endigend. Die älteren sind gefurcht, die jüngeren sind glatt, öfter auch mit einem grauen Filz überzogen. Die jungen Bulbs sind mit 5—6 Blättern gekrönt. Blätter länglich lineal, scharf zugespitzt, je mit 2 Adern und Mittelkiel und von weicher Substanz. Die Blüthen stehen gewöhnlich zu dreien an einer wagerechten Axe und sind chromgelb. Das obere Sepalum ist schmal und gebogen. Die beiden unteren Sepalen und die Petalen sind länglich, schief und viel breiter, als das erstere, an der vollständig geöffneten Blüthe nach rückwärts gebogen. Die Lippe am Grunde grün, später grünlich weiss, dickfleischig elfenbeinartig glänzend, oben convex, unten stark gehöhlt, also umgekehrt kahnförmig. Die Säule ganz dünn, oben stark verdickt."

In der heissen Gegend. 500—1000'. 26. April 1877.

42. **Aëranthus (Cryptoplectri) Lehmanni**: caule validiusculo basi radicibus intricatis nidum efficientibus obtecto, medio e foliis evaginatis floridissimo, apice foliato, foliis linearibus apice inaequali acuminatis (!), margine microscopice serrulatis, pedunculis gracilentis hinc paulo flexuosis, vaginis arctis apice acutis, bractea paulo ampliori ovarium pedicellatum ac calcar cylindraceo filiforme obtusum aequilongum includente, sepalis triangulis, tepalis junioribus pandurato cuspidatis, labello triangulo naviculari.

Caulis speciminis unici 0,06 altus. Folia usque 0,11 longa, 0,01 lata. Pedunculi numerosi uniflori. Sepala prope 0,01 longe. Tepala breviora. Labellum adhuc brevius. Tepala serius coarctata effigiem panduratam haud amplius offerunt.

7400' auf vulkanischem Gestein. März 1877.

43. **Epidendrum longipes**: affine Epidendro variegato Hook. pseudobulbo teretiusculo elongato (0,4), triphyllo, foliis oblongoligulatis (0,21 longis,

0,05 medio latis), racemo elongato cylindraceo, multifloro (0,21 longo), bracteis triangulis minutis, sepalis tepalisque ligulatis obtusis, labello parvo trilobo, lobis lateralibus rotundatis, lobo medio semiovato acuto, callo elongato tuberculis geminis in basi lobi antici oblongis, interposito callo lineari, tuberculis geminis postpositis, columnae androclinio trilobo, lobo postico brevi abrupto, anteposita ligula porrecta lineari bidentata, lobis lateralibus semiovatis.

6500'. Quito. Blüthen weissgelb mit braun gefleckt. Bildet grosse Büsche. Juni 1877.

44. **Epidendrum grammatoglossum** Rchb. fil.

6000'. Nur an Steinen. Blüthe gelb mit violetten Strichelchen auf Seitenzipfeln der Lippe. Sehr zierlich. Juni 1877.

45. **Epidendrum coriophorum** Rchb. fil.
Tunguragua. März 1877.

46. **Epidendrum brachyglossum** Lindl.
Tunguragua. 8000'. Auf Bäumen.

47. **Epidendrum Sophronitis** Rchb. fil.
Blüthen weissgelb mit lebhaft braunen Streifen. Blätter silberweiss überzogen. 7—8000'. Juni 1877.

Die Bestimmung dieses vorliegenden Exemplars ist mir etwas zweifelhaft. Alle Organe sind grösser und länger ausgestreckt als bei den Originalexemplaren meiner Sammlung, welche die Herren Wallis und Dr. Krause sammelten. Auch das Verhältniss der seitlichen Sepalen zur Lippe ist etwas verschieden. Vielleicht existiren lebende Pflanzen bei Herrn Low, vermöge deren wir Aufschlüsse erhalten. Besonders schwankend macht mich die Abbildung meiner Art im Botanical Magazine, welche dem Exemplare Herrn Lehmanns viel näher steht, als meine ursprünglichen Exemplare. Nichts desto weniger stammt dieses im B. M. abgebildete Gewächs von Herrn Linden, wurde also von Wallis gesammelt. Dies weist darauf hin, dass die Art durch äussere Verhältnisse verschiedener Entwickelungen fähig ist.

48. **Epidendrum Lehmanni** : (Spathium) altum validum, foliis cuneato-oblongis acutis (0,36 longis, 0,9 medio latis), spatha valida subcoriacea ligulata acuta, racemo multifloro, floribus illis Epidendri leucochili Klotzsch subaequalibus, similibus, sepalis lineari lanceis acuminatis, tepalis angustioribus, labello tripartito, partitionibus lateralibus ligulatis retusis abbreviatis, partitione media lineari acuminata porrecta, carinis geminis rhombeis in basi.

An Felsblöcken. Stamm einen Finger dick, einen Meter hoch. Blüthen gelb. Säule rein weiss. 6000'. Juni 1877.

49. **Epidendrum geminiflorum** H. B. Kth.
Blüthen bräunlich gelb, nur zu zwei. Juni 1877. 5—7000 '.

50. **Epidendrum stenopetalum** Hook. **b. tenuicaule**: caulibus tenuibus fractiflexis, foliis apice attenuatis.

Die Blüthen, freilich in üblem Zustande, scheinen mit denen der bekannten weit verbreiteten Hauptform durchaus übereinzustimmen. Seltsam ist es, dass eine so weit verbreitete Art sich in Europa durchaus nicht in der Cultur erhält. Guayaquil in der Ebene. An Bäumen. Blüthen schön carmoisin.

51. **Epidendrum fimbriatum** H. B. Kth.
Auf dem Boden. 8000 '. März 1877. Quito.

52. **Epidendrum difforme** Jacq.
Blüthen weissgelb. An Bäumen. 2000 '. Juni 1877,

53. **Epidendrum jejunum** (Euepidendra Umbellata): juxta Epidendrum tolimense Lindl. vultu Epidendri megagastrii L. sed spatha nulla, caule flexo ancipiti (3),0,09 m alto, 0,004 m lato, foliis lineariligulatis apice obtusis cum apiculo, seu acutis, usque 0,08 longis, 0,01 latis, floribus solitariis seu geminis, cum ovariis pedicellatis medio obtuse cuniculatis 0,025 longis, telae validiusculae, sepalis lanceis acuminatis, lateralibus falcatis, tepalis latioribus, labello cordato pandurato cum apiculo, callis angulatis parvis transversis geminis in basi, androclinii cucullo denticulato.
An Bäumen. April 1877.

54. **Epidendrum rhizomaniacum** (Euepidendrum): validum, caule compresso ad 0,26 alto, 0,0115 lato, radicibus adventitiis flexuosis, numerosis, imo supra folia juniora, foliis oblongis apice obtusis emarginatis (0,11 longis, 0.045 latis), floribus geminis sine ulla spatha, magnis, ovariis pedicellatis non cuniculatis, 0,03 longis, sepalis ligulatis acutis (0,025 longis, vix 0,003 latis), tepalis subrhombeis aequilongis (medio 0,008 latis), labello a rotundata basi oblongo acuto, carinis in basi ternis approximatis obtusis, externis basi angulatis; 0,02 longo, 0,01 lato, columna brevi, androclinii cucullo bene serrulato denticulato.
Species quodammodo Epidendro Scutellae Lindl. comparabilis, sed folia multo majora, papyracea et spatha nulla.
Guayaquil in der Ebene. Blüthe grünlich weiss. Juni 1876.

55. **Epidendrum purum** Lindl.
6—8000 '. An Bäumen und Steinen. Blüthen gelblich weiss. Juni 1877.

56. **Epidendrum laeve** Lindl.
Tunguragua. 7000 '. Blüthen rothbraun. Lippe weiss. Bis einen Meter hoch. Juni 1877.

57. **Epidendrum fastigiatum** Lindl.? **bifidum**: planta gracilis, foliis cuneato ligulatis acuminatis (0,09 longis, 0,015 latis), inflorescentia bifida, ramis arrectis subaequalibus.
Planta mihi satis dubia. An plantae prima vice florentes e seminibus enatae? Tunguragua. 8—9000'. An Baumstämmen. Blüthe braun mit weisslicher Lippe. Juni 1877.

58. **Bletia Wageneri** Rchb. fil.
Ich konnte nur eine einzige Blüthe untersuchen, welche von der Pflanze aus Venezuela etwas abweicht.
7500'. Auf dem Boden. Blüthen carmoisin. Juni 1877.

59. **Masdevallia Tubeana** Rchb. fil.: (Saccilabiatae) foliis usque pedalibus petiolatis cuneato oblongoligulatis acutis, dorso per lineam mediam carinatis sat mollibus, pedunculo valido arcto, unifloro (semper?), sepalis ima basi connatis semioblongo triangulis longe caudatis intus centrum versus asperis, excentrice filiformi papulosis, tepalis minute ligulatis apice bivalvibus, valva altera longiori externa cum lamina externa tepali continua obtusa denticulata, interna multo breviore acuta integerrima, interstitio papulis acutis multis aspero, labelli hypochilio rhombeo, epichilio transverso semirotundo limbo externo implicito, carinis medianis tamen longitudinalibus membranacco alatis a basi in apicem, venis divergentibus 9—11 utrinque ex parte minute carinato alatis, columna apiculata. Perigonium purpureoviolaceum obscurum intus zona flavida circa partes centrales. (Tepala, labellum, columna alba).
Planta perpulchra hortulano Tube Dresdensi, Orchidearum cultori insigni dicata, qui studia mea annis 1844—59 benevole floribus plurimis Orchidearum adjuvit.
Quito. 900'.

60. **Masdevallia Lehmanni**: (Amandae) affinis M. tridenti Rchb. fil. Mss. foliis longe petiolatis cuneato oblongis acutis trinerviis, pedunculo apice racemoso, bracteis semiovatis obtuse acutis cucullatis ovaria subaequantibus, ovariis crispo tripteris, sepalo summo parte libera oblongo, sepalis lateralibus oblongoligulatis, omnibus in caudas aequilongas extensis, margine aspero ciliolato muriculatis in basi, tepalis oblongis acutis, lateribus serrulatis, labello ligulato ante apicem constricto, obtuse acuto, columna clavata acuta. — Flores flavi fere 0,015 longi.
Masdevallia Lehmanni Rchb. fil. Gardeners Chronicle 1877. Juli 14, p. 38.
Dimensiones Masdevalliae polystictae Rchb. fil.
Loxa. 6—8500'. Juni 1876.

(Obs. Masdevalliae tridens Rchb. fil. Mss. 1859 (Amandae): vaginis foliorum amplis, foliis bene petiolatis cuneato oblongis obtusis, pedunculo racemoso longiori, bracteis abbreviatis ovatis apiculatis ovaria triptera aequantibus. mento obtusangulo, floribus profundissime fissis, per dorsum sepali imparis carinatis crenulatis, sepalo impari late triangulo, sepalis paribus multo angustioribus, omnibus in caudas subaequales subito attenuatis, tepalis cuneato oblongis apice tridentatis dente medio longiori, labello ligulato pandurato obtuse cordato, columna clavata.

Flores flavo brunnei.

Quito. Jameson 1868.)

61. **Masdevallia triglochin** (Triaristellae): dense caespitosa, foliis cuneato spatulatis obtuse acutiusculis (si mavis tridentatis dente medio minuto) crassis, pedunculo folia haud multo superante unifloro, floribus paucis heterochronicis, perigonii sepalo impari triangulo in caudam subaequilongam excurrenti, sepalis paribus cum mento magno, connatis navicularibus, obtuse acutis, cauda utrinque laterali abbreviata divergente, tepalis ligulatis, apice extus serratis cum apiculo mediano, labello lineari pandurato, postice sagittato, apiculo deorsum inflexo, columna trigona gracili, androclinio denticulato.

Masdevallia Triglochin Rchb. fil. Gardeners Chronicle 1877. VIII. 648.

Blüthen erscheinen zu mehren an demselben Blüthenstiel. Braun mit gelben Borsten. 5500'. Juni 1877. Quito.

62. **Masdevallia ventricularia** (Tubulosae): caespitosa, foliis longe attenuatis lamina aequali oblongo lanceolata obtuse acuta, pedunculo unifloro multo breviori, bractea pedicello breviori, tubo perigonii inflato cylindraceo elongato, ostio trifido, lacinia impari latiori, laciniis omnibus triangulis in caudas longiores extensis, intus strigosis, tepalis ligulatis apice obliquis emarginatis, angulo deorsum crasso supra basin, labello oblongoligulato basi cordato, apice emarginato bilobo, columna apice clavata.

Flores rufobrunnei rari. Dimensiones M. saltatoriae Rchb. fil. Quito.

63. **Masdevallia rosea** Lindl.

Quito. 9800'. Juni 1877. Jeder Stängel giebt zwei Blüthenstiele. Farbe sehr hell carmoisin. Blüthen von etwas fleischiger Substanz, daher sie sich mehre Tage abgeschnitten sehr gut halten.

(Obs. Masdevallia amethystina Rchb. fil. Mss. 1869 (Amethystina): densissime caespitosa, caulibus secundariis brevissimis, foliorum basi petiolari angusta lamina lanceolata, pedunculis longissime exsertis, apice distiche arcte racemosis, floribus heterochronicis, cupula perigonii extinctoriiformi, limbo bilabiato, sepalo impari triangulo brevius acuminato, sepalis paribus triangulis longius caudatis, tepalis obtusangulo rhombeis apicem versus attennatis retusis, labelli hypochilio lineari canaliculato bis curvo, ima basi parvula ligula oblonga angusta incumbente, epichilio sagittato triangulo lateribus implicitis carinulis paucis elevatis in basi disci, columna trigona crassa. Flores pulchre amethystini, illis M. ochthodis Rchb. fil. aequales. Western Andes. Jamieson 1869.)

64. **Masdevallia angulata**: Leontoglossa unica mento bene angulato. Dense caespitosa. Folia validissima, basi vagina membranacea ampla, longipetiolata, lamina cuneato oblonga obtuse acuta (0,02 alta, petiolo laminam aequante seu superante, 0,025 lata). Flores more affinium specierum breviter pedunculati. Perigonium 0,45 longum, basi 0,15 altum, coriaceum, altius in tubum connatum, mento pulchre angulato. Labium impar longius liberum, triangulum in caudam extensum. Labium inferius multo altius connatum, apice bifidum laciniis infra abruptis, in caudas cauda impari multo breviores extensis. Tepala ligulata acuta utrinque obtusangula trinervia. Labellum a basi cordata ligulatum apice acuto crosulum carinis in apice ternis incrassatis, asperis, papulis asperis circumjectis. Columna trigona acuminata.

Flores brunnei visi.
Quito. Martio 1877. 6800'.

(**Masdevallia macroglossa** (Leontoglossae): dense caespitosa, foliis brevissime petiolatis cuneato oblongoligulatis obtuse acutis basi vaginis amplis retusis membranaceis duabus (usque 0,08 longis, 0,015 latis), pedunculo folio subduplo breviori basi vaginato, bractea —, perigonio apicem versus fisso, bilabiato, sepalo impari triangulo caudato, sepalis lateralibus alte connatis in triangula brevicaudata expansis, tepalis cuneato lanceis supra basin constrictis carinula superiori juxta limbum, labello longius oblongoligulato obtuso, media dilatato, carinulis geminis in basi, apicem versus valde papuloso, columna clavata apiculo postice parvo.

Perigonium 0,02 longum.
Veneznela.)

(**Masdevallia pardina** (Coriaceae): uniflora mento obtusangulo, tubo laciniis breviori, sepalo impari triangulo in caudam filiformem ter longiorem extenso intus aspero, sepalis paribus multo altius extensis, fissis in lacinias triangulas brevissimas longe caudatas intus asperulas, tepalis unguiculatis superne oblongis acutis supra unguem utrinque angulatis, labello oblongo obtuso multipapuloso, carina antice mediana, carina angulata utrinque in disco, columna basi coarctata, subito dilatata, androclinio apice trifido, laciniis denticulatis.

Flos siccus brunneus, atroguttatus, 0,055 longus.
N. Granada.)

(Masdevallia expansa (Triangulares): aff. Masdevalliae tricolori Lindl. folio petiolato oblongo acuto, pedunculo exserto, sepalis a cupula brevissima expansis, lacinia summa oblonga dorso carinata in caudam longiorem abrupte attenuata, laciniis lateralibus minoribus, brevioribus, angustioribus aequaliter abrupte caudatis, tepalis flabellato retusis umbone incrassato semiovali in medio minuto, labello rhombeoligulato angustato apice abrupte hastato dilatato, columna acuta. — Mensurae M. triangularis Lindl.

Neu Granada. Schlim. 1182.)

(Masdevallia Falcago (Fissae; Falcago): foliis lineari spatulatis coriaceis apice tridentatis, pedunculo subaequilongo, bractea ovario pedicellato multo breviori, cupula valde brevi. sepalis aequaliter lineari ligulatis acutis, omnibus deflexo falcatis, cupula basilari plus quater longioribus, tepalis ligulatis obtuse acutis columnam paulisper superantibus uninerviis. labello ligulato pandurato, basi cordato, bicarinulato, apice obtuse acuto reflexo. columna trigona incurva apice tridentata.

Flos videtur albidus seu ochroleucus fuisse. Sepala circa 0,03 longa.

Neu Granada.)

(Masdevallia picturata (Fissae): foliis cuneato spatulatis oblongis obtuse acutis, pedunculo unifloro, bractea cupulata apiculata ovario pedicellato breviori, sepalis usque ad basin fissis, sepalo impari oblongo caudato lamina caudae aequali, sepalis lateralibus paulo majoribus, ceterum aequalibus, tepalis ligulatis apice tridentatis dente medio longiori, basi antica (sc. juxta labellum!) angulatis, labello ligulato obtuse acuto trifido, laciniis lateralibus medio abrupte angulatis, columnae androclinio obliquo.

Masdevallia meleagris Rchb. fil. Xenia I. (tum specimina sicca typi non videram!), nec Lindl., quae recedit foliis argute tridentatis, caudis laminam longe excedentibus.

Venezuela.)

(Masdevallia uncifera (Fissae): dense caespitosa, vaginis baseos amplis laxis, foliis longipetiolatis (0,05 longis) lamina cuneato oblongo ligulata acuta (0,06 longa, 0,01 lata), telae haud ita crassae, pedunculo elongato gracili paucivaginato, bractea ovario pedicellato bene breviori, mento modico, sepalis haud alte coalitis, lanceo caudatis a basi triangula immediate extensis nec ullibi abruptis (0,05 longis, 0,01 vix latis), curvulis, tepalis a basi unguiculata ligulatis obtuse acutis, basi versus labellum dente deflexo semisemilunari, labello subaequilongo, basi cordato, pandurato ligulato, apice tridentato, dente mediano subaequilato reflexo, columna clavata androclinio membranaceo denticulato.

Ecuador.)

65. **Masdevallia auropurpurea** Rchb. fil.
Blüthe hat hellgelbe Oberlippe. Unterlippe braun. Juni 1877. 6000'.

66. **Masdevallia anachaeta** (Clausae porrectae): densissime caespitosa, folio longipetiolato, lamina breviori cuneato lanceooblonga acuta, pedunculo longiori exserto, bractea ovarium interrupto alatum non attingente, perigonio basi mento parvo angulato longius clauso arcto bilabiato, labio superiori triangulo dorso carinato, in caudam ascendentem extenso, labio inferiori bifido in caudas duas arrectas ascendente, tepalis ligulatis acutis antice biangulatis, postice supra (apicem versus) serrulatis, labello elongato trilobo, lobis basilaribus obtusangulis, lobo medio lineariligulato porrecto, columna trigona acuta.
Dimensiones Masdevalliae minutae Lindl.
Auf Lavaboden. Quito. März 1877.

Obs. Inserere juvat duas species ineditas jam diu descriptas:

(**Masdevallia chontalensis**: (Clausae porrectae) aff. Masd. minutae Lindl. cujus prope mensurae: valide vaginata, folio spatulato ab angustissime cuneata basi obtuse acuto, pedunculo longiori capillari (0,05 alto) subbifloro, bractea cucullata ovario pedicellato breviori, mento bene angulato, sepalorum connatorum tubo stricto elongato, laciniis liberis triangulis in caudas subaequilongas exsertis, tepalis cuneato ligulatis retusis obscurissime trilobis, antice seu versus labellum medio angulatis, carina una antice superne, labello ligulato antice rhombeo serrato basi cordato, columnae androclinio anguste marginato, denticulato. Chontales 180. Seemann!)

(**Masdevallia Sprucei** (Clausae porrectae): foliis petiolatis oblongis obtuse acutis, pedunculo unifloro folium excedente, perigonio cupulari bivalvi, sepalo impari triangulo acuminato, sepalo pari oblongo ligulato apice ad dimidium fisso, laciniis triangulo acuminatis, labiis parte connata longioribus, tepalis ligulatis angustis apice obtuse tricrenatis, labello ligulato, utrinque medio angulo exsiliente, apice acuto serrato, callo parvulo ante apicem, columna acuta. „Flores flavi. Petala duo antice intus purpurea". Dimensiones prope Masdevalliae cupreae Lindl., sed paulo minor, folia duplo minora.
3369. In lignis ad rivulum Uaicnaka fluvii Parinoni tribut. Februario 1854. Spruce!).

67. **Masdevallia ophioglossa** (Clausae porrectae): minuta, densissime caespitosa, foliis bene petiolatis lanceolatis acutis (0,03 altis) lamina petioloque aequalibus tenerae substantiae pedunculis capillaribus paulo longioribus, bractea cucullata acuta brevi ovarium cingente, perigonii mento obtuso, tubo caudas aequante amplo, sepalorum triangulis liberis brevissimis in caudas tubum subaequantibus extensis, sepalo impari per mediam longitudinem carinato, tepalis lineari

3

rhombeis portione media angulatis, antice prope basin semisagittatis, labello cordato lineari lanceo elongato, columna clavata.

Dimensiones Masdevalliae minutae Lindl.

Quito. März 1877.

68. **Masdevallia nidifica** (Clausae porrectae): densissime caespitosa, parva, folii petiolo unguiculari laminam oblongam obtusam aequanti, pedunculo unifloro, bractea cucullata ovarium tripterum aequanti, mento obtusangulo, tubo ante mentum constricto, dorso per medium carinato, sepalo impari triangulo in caudam longiorem attenuato, sepalis paribus aequalibus sed augustioribus, in caudas longiores attenuatis, tepalis oblongis apiculatis, labello ligulato trilobo, lobis lateralibus obtusangulis, lobo medio lanceo, columna gracili clavata.

Flores parvi, illis Masdevalliae floribundae Lindl. (myriosigmatis Ed. Morren) aequales, flavi, striis atropurpureis quinis.

Quito. Februario, Martio, Aprili 1877. 6000'.

69. **Restrepia guttulata** Lindl.

Quito. 6—8000'. Juni 1877.

70. **Pleurothallis stenopetala** G. Lodd. in Lindl. B. Reg. 1838. XXIV. Misc. 182.

An Baumstämmen. Blüthen hellgelb. Juni 1877. 8000'.

Obs. Errore gravi in Lindl. Foliis Orchidaceis scribitur Pleurothallis stenopetala Lindl., nec Pl. stenopetala G. Lodd.

71. **Pleurothallis crepidophylla** (Pictae): dense caespitosa, foliis brevissime petiolatis cuneato oblongis obovatis margine valde evoluto (0,02 altis, 0,005 latis), pedunculo capillari tenuissimo (0,05 alto) racemoso, bracteis triangulis minutis ovaria pedicellata longe non aequantibus, flore verosimiliter clauso, sepalo impari triangulo acuminato uninervi, sepalo pari connato ligulato apice bidentato binervi, tepalis ligulato falcatis obtusis minoribus, labello brevissime unguiculato basi utrinque rotundato oblongo obtuso trinervi, columna trigona, sursum utrinque oblongo ampliata apice trifida, dente postico triangulo, dentibus lateralibus retusis, polliniis oblongis paulisper attenuatis.

Juxta Pleurothallidem marginatam Lindl., a qua folii textura tenui, foliorum circumscriptione, columnae apice, polliniorum natura bene differt. Floris mensurae ejusdem speciei.

An Baumstämmen. April 1877. 700'.

72. **Pleurothallis arachnantha**: tenerrima juxta Pleurothallidem setigeram Lindl., foliis petiolatis cuneato oblongis acutis pergameneis, 0,01 altis, vix 0,003 latis, pedunculo capillari 0,04 alto, floribus in racemo 8—9, bracteis minutis, pedicellis 0,005 longis divaricatis, ovariis tumidis, sepalis basi triangulis

longe setaceo caudatis, basi uninerviis 0,004 longis, tepalis brevioribus, minoribus, aequalibus, labello minuto, lobis lateralibus obtusangulis in basi, lobo medio triangulo lanceo, columna parva brevi.

Status speciminis satis miser. Pollinia non vidi.

Quito. März 1877.

73. **Stelis Vulcani**: caespitosa, caulibus secundariis validis vagina acuta vestitis in basi (ad 0,07 longis), foliis petiolatis cuneato oblongis obtuse acutis validis (0,065 longis, 0,015 latis, petiolari parte 0,011 longa), vagina ancipiti brevi, spica elongata disticha (0,21 longa), bracteis ochreato triangulis ovaria non omnino aequantibus, perigoniis bilabiatis anthesi subhiantibus (flore incluso ovario 0,006 longo) elongatis, sepalo impari basi cum sepalis lato connato ligulato obtuse acuto trinervi, sepalis paribus connatis summo apice bidentatis, vulgo septemnerviis, tepalis reniformibus brevissime unguiculatis, limbo externo paulo ampliatis, trinerviis, labello cuneatooblongo trilobo, lobulo medio dentiformi, lobulis lateralibus obtusangulis majoribus, columnae lobis anticis lateralibus rotundatis.

Blüthen gelb. Am Vulkangestein. 8000'. Juni 1877.

Obs. Valde affinis Stelidi acutissimae Lindl.!, quae validior, major, perigonio magis bilabiato, basi prope cordato, sepalis valde acutis bene recedit. In figura Lindleyana inedita in herbario Lindleyano asservata sepalum impar longe nimis obtusum. Flos in Stelide acutissima est atropurpureoviolaceus. — In nostra pedunculus rarissime duplex occurrit.

74. **Stelis globiflora**: densissime caespitosa, radicibus intricatissimis elongatis multiflexuosis, foliis tenuissime petiolatis lanceis acuminatis (0,025 longis, 0,003 latis), pedunculis tenuissimis (0,06 longis), racemo laxifloro, paucifloro (5-usque 6 floro), bracteis triangulo ochreatis ovario pedicellata subaequantibus, sepalo impari ligulato obtuso acuto trinervi, sepalis paribus connatis cochleariformiglobosis, apice bidentatis, septemnerviis, tepalis oblongis obtuse acutis supra basin hastatis, trinerviis, labello transverse rhombeo brevi utrinque retrorsum acuminato, disco —, columnae brachiis erectis acutis.

Juxta Stelidem columnarem Lindl.!, quae foliis multo latioribus, tepalis, labello, columna recedit.

An Bäumen. 5000'. März 1877.

75. **Stelis dactyloptera**: species unica ex „Labiatis" et ex omni Stelidis genere tepalis oblongis sinuato dentatis.

Dense caespitosa. Folia petiolata cuneato oblonga acuta, 0,023 longa, 0,004 lata. Pedunculus gracilentus, ad 0,12 altus, distantiflorus, laxiflorus, subsecundus. Bracteae triangulae minutae ovariis pedicellatis vix breviores. Flos ad 0,01 longus. Sepalum impar cuneatum oblongum obtuse acutum, septemnerve.

3 *

Sepala paria connata in corpus transversum brevius apice minutissime bidentatum, nervo in commissura, undecimnerve. Tepala oblonga, sinuato dentata, subdecemdentata, semitrinervia, nervo mediano nunc apicem attingente. Labellum rhombeum apiculatum disco incrassatum. (Superficici fabria non liquet. Specimen ferro calido siccatum videtur). Columna utrinque unibrachiata.

Flos valde obscurus.

6000'. Juni 1877.

76. **Selenipedium Hartwegii** Rchb. fil.

Quito. An Felsen, im März. 5400'.

77. **Uropedium Lindeni** Lindl.

Die Blüthen der tiefer unten vorkommenden Exemplare sind viel grösser, als die der bei 7—8000' wachsenden. Bei Selenipedium Wallisii dagegen sind die am kältesten gewachsenen Exemplare die mit den grösseren Blüthen. Dasselbe findet man bei Odontoglossum cirrhosum Lindl., Halbi Lindl., angustatum Lindl. — Uropedium hat an kalten Standorten braune, an wärmeren rothe Petalen.

An Steinen, auf dem Boden. März 1877.

II.

Die zwei Bögen, welche die Aufzählung der Orchideae F. C. Lehmannianae enthalten, waren fertig gesetzt, als ich durch den Sammler ein Convolut Notizen zu denselben von St. Thomas empfing. Da das Umbrechen des Satzes sich nicht empfichlt, habe ich nachträglich die bereits fertige Aufzählung mit Nummern versehen. Dieselben Arten erscheinen in dieser zweiten Mittheilung unter denselben Nummern. Solche, welche dort fehlen, sind an diesen Nummern mit einem Buchstaben übergezeichnet und haben ausserdem die fortlaufende Nummer, welche auf die letzte der ersten Bearbeitung folgt. Diese war 77, die nunmehr folgende Serie II. reicht bis No. 95.

Bis auf ein paar von mir speciell durch Unterschrift hervorgehobene kleine Bemerkungen sind diese Notizen alle Herrn F. C. Lehmann's Eigenthum. Hätten wir doch mehr solche Mittheilungen. Ich habe aus ihnen viele Belehrung geschöpft und mich derselben hoch erfreut.

Einige Arten, welche Herr F. C. Lehmann nicht zu trocknen unternommen, weil sie in Europa zu gut bekannt, habe ich mit dem Zeichen † versehen.

1. **Cranichis macroblepharis** Rchb. fil.
Blätter dunkelsammtartig bronzegrünlich mit etwas helleren Adern. Blüthen sehr klein, rein weiss.

2. **Cranichis Lehmanni** Rchb. fil.
Blüthen in walziger Traube, weiss.
Auf Lavaboden. 7800'. Juni 1877.

3. **Sobralia rosea Pöpp. Endl.**
Bis 2½ Meter hoch. Blätter gefurcht gefaltet, vieladrig. Blüthen zweizeilig, rosa, Lippe mit Carmoisin schattirt, am Rande kraus. Nur Eine Blüthe blüht auf einmal.
In Flussbetten. 1000'. April 1877.

4. **Odontoglossum Lehmanni** Rchb. fil.
Blüthen an einer einen Meter langen einfachen Traube, gelb mit grossen hellkastanienbraunen Flecken. Lippe chromgelb.
Auf Berberisgesträuch. 8000'. April 1877.

4 b. 78. † **Odontoglossum Hallii** Lindl.
Es giebt zwei Sorten. Eine hat kürzere, breitere Blätter und nicht so zahlreiche, schön gezeichnete Blüthen, deren Lippe rein weiss mit Roth gefleckt. Die andere Abart hat längere, schmälere Blätter und grosse Blüthen, welche jedoch von Farbe schmutzig. 9000'. März 1877.

4 c. 79. † **Odontoglossum cirrhosum** Lindl.
Hoch an Bäumen auf den Westcordilleren immer von 5500—7000'.
Zuerst gefunden am 22. Mai 1876 am zweiten Tage meiner Tropenreise. Rispe bis mit 79 Blüthen.
(Anm. Ein Reisender war ehedem von Europa besonders wegen dieser Pflanze ausgesendet, welche er trotz langen Aufenthalts in Ecuador niemals antraf. Rchb. fil.)

4 d. 80. **Odontoglossum ramosissimum** Lindl.
Blüthen mit krausen Hüllorganen, rein weiss mit violetten Flecken, bis 600 in einer doppelt verzweigten oft 2 Meter hohen Rispe. Wächst hoch an Bäumen der Westcordilleren, bei 8—9000 Fuss über der See.
Dieses Odontoglossum ist das schönste mir bekannte und macht den grossartigsten Eindruck. Im März fand ich ein Exemplar, welches zwei Blüthenstände hatte, die höher als sieben Fuss waren und nahe an sechszehnhundert Blüthen führten.
Der Unterschied von Odontoglossum claviceps und diesem ist sehr gross. Die Bulben sind bei unserem etwas länger und runder als bei jenem. Die Blätter sind viel schmäler und länger und von viel weicherer Beschaffenheit. Uebrigens

wächst Odontoglossum ramosissimum um fünfzehnhundert Fuss niedriger, als Odontoglossum claviceps.

4 e. 81. **Odontoglossum pardinum** Lindl.
Blüthen in Rispen, rein goldgelb, Petalen und Lippe braun gefleckt.
Nur an Bäumen, besonders gern an Berberis. April 1877.

9. **Oncidium nubigenum** Lindl.
Diese Pflanze ist grossen Abweichungen in Bezug auf Blüthen und Blätter unterworfen. Die hier vorliegende Form hat grosse, breite, lange, meist schiefe Bulben. Die Blätter sind gross, breit, deutlich meergrün. Die Blüthen sehr zahlreich an dem gemeinschaftlichen Blüthenstiel. Lippe rein weiss mit dunkel rosenrothen Flecken, während sie sonst leicht rosa ist.
An Bäumen, deren Wachsthum durch atmosphärische Einflüsse beeinträchtigt, besonders gern an Aralien. 10000—11000'. September 1876.

Andere Abart:
Bulben kurz, dick, mehr gerundet, Blätter kurz, länglich scharf gespitzt. Blüthen bis zu sechs an einer Traube, rosa. Lippe wenig heller mit dunklen Flecken.
Besonders an Aralien und Brugmansien. 10—11500'. Februar 1877.

10. **Oncidium virgulatum** Rchb. fil.
Blüthen rein gelb mit kleinen braunen Flecken.
An hohen Bäumen. 7000'. Juni 1876.

11. **Oncidium rupestre** Lindl.
Blüthen in verzweigter Rispe, rein gelb mit kleinen braunen Flecken.
Zerstreut in den Westcordilleren der Anden von Ecuador und Peru. In Loja selbst auf Mauern, oft in grossen Mengen ganze Flächen bedeckend. October 1876.

12 b. 82. † **Oncidium macranthum** Lindl.
Ungemein verbreitet über das westliche Südamerika. Sobald man sich von der Wüste Nord-Perus den Cordilleren nähert, findet man diese Art, wenn auch selten. Sie begleitet uns durch die ganzen Westcordilleren bis zu den Westabhängen bei Quito in der Höhe von 8000—9500'. Weder die Pflanze, noch die Blüthe boten mir wesentliche Unterschiede.
Juli 1876.

12 c. 83. † **Oncidium Kramerianum** Rchb. fil.
Blüthen rein goldgelb mit rothen Flecken, bis stark an den Rändern gekräuselt.
An mooslosen Bäumen auf der Rinde, oft an einer holzigen, schlingenden Ipomaea. Fast überall in der Littoralzone um Guayaquil. October 1876.
(Anm. Ein Exemplar liegt nicht vor, wie das Kreuzeszeichen besagt. Herr Lehmann bezeichnet seine Pflanze als Oncidium Papilio, allein sowohl der Fundort, als auch die Beschreibung weisen auf das Oncidium Kramerianum Rchb. fil. hin, welches ich 1854 unserem bewährten Flottbecker Cultivateur widmete. Rchb. fil.)

23

12 d. 84. **Oncidium longicuspe** Rchb. fil.

(Brassia: affin. ocañensi) pedunculo dense vaginato, racemo quaquaverso rarius secundo, bracteis spathaceis acutis ovaria pedicellata aequantibus, inferiora imo superantibus, sepalis tepalisque brevioribus lanceosetaceis, labello oblongo longissime cuspidato, callis semiligulatis apice acutis a basi versus mediam laminam intus velutinis geminis.

Brassia longicuspis.

Blüthen schmutzig gelb, klein.

An Bäumen. 8—9000'. Juni 1877.

13. **Sigmatostalix picta** Rchb. fil.

Bulben braungrün, ganz flach. Blüthen klein, gelb, hier und da mit braunem Fleck.

An Bäumen. 5500'. Juni 1877.

14. **Comparettia falcata** Pöpp. Endl.

An niedrem Gesträuch an Flussbetten. 5500'. Juni 1877.

15. **Scelochilus Jamesoni** Lindl.

Blüthen an herabhängenden Trauben, chromgelb.

Nur an Bäumen bis 9500'. März 1877.

16. **Mesospinidium vulcanicum** Rchb. fil.

Ich traf diese Art sowohl an Bäumen bei 6000', als an Felsen bei 9000'. April 1877.

17. **Mesospinidium sanguineum** Rchb. fil.

Die schönsten Formen finden sich nächst den Steppen Nord-Perus. Um Quito von 5500—7000'. Immer an Bäumen. Juni 1876.

18. **Mesospinidium roseum** Rchb. fil.

An Bäumen, selten an Steinen. 8—9000'. October 1876.

19. **Lockhartia serra** Rchb. fil.

Blüthen rein goldgelb.

Auf Mimosen im Strandgebiet. Mai 1876.

20. **Telipogon obovatus** Lindl.

Blüthen wässig gelb.

An niedrigem Gesträuch. 9000'. August 1876.

21. **Telipogon Hartwegii** Rchb. fil.

Blüthen bis fünf an Einem Schaft, hellgelb mit kastanienbraunen Adern.

An niedrigem Gesträuch. 9500'. Juni 1877.

21 b. 85. **Notylia replicata** Rchb. fil.

Bulben klein, walzig, mit einem fleischigen länglichen zugespitzten Blatte. Blüthen in bis 20 Centimeter langer, walziger Traube, weisslich gelb mit weisser Lippe. Besonders an Crescentien und Euphorbien auf der Rinde in der Littoralzone. October 1876.

21 c. 86. **Trichoceros parviflorus** H. B. Kth.

Blätter eiförmig zugespitzt, fleischig, rothgrün. Blüthen am verhältnissmässig langem dünnen Stiel, in Farbe hellgelb mit braunem Filz. Die Säule sieht wie ein braunes Filzkügelchen aus.

An Mauern, Steinen und Bäumen bei Loja bis 9000′. October 1876.

21 d. 87. **Trichopilia sanguinolenta** Rchb. fil.

Blüthen gelb mit braunen Flecken. Lippe weiss mit dunkel carmoisinrothem Fleck am gekräuselten Rande. An Bäumen, fast im Moose versteckt. 6000′. August 1876.

24. **Anguloa.**

Bulben sehr gross, mit Kielen, schwach gedrückt, glänzend, dunkelgrün. Blätter keilig länglich zugespitzt, mit starken gelben Adern. Blüthen an sehr starken Stielen, einzeln, gross, weiss, immer etwas geschlossen. Lippe walzig zusammengeneigt, in Mitte in einem länglichen Lappen ausgehend, rein weiss, mit kleinen queren violettrosafarbigen Fleckchen.

Nur an einer Stelle, auf Lava, bis 5890′. Die Pflanze bringt nur je zwei Blüthenstiele. April 1877.

24 b. 88. **Lycaste xytriophora** Lind. Rchb. fil.

Bulben plump, zapfenförmig, ziemlich gross, stark gekielt; wenn einmal entwickelt, stets blätterlos. Blätter breit, länglich zugespitzt, mit hellgrünen, stark hervortretenden Adern und weich. Sepalen und Petalen länglich, wellig, letztere etwas kleiner, alle schmutzig gelb. Lippe weisslich mit violettem Anflug.

Wächst an Baumstämmen am Boden. Unter den Wurzeln Massen von Moos und vermodertem Laub. October 1876.

25. **Lycaste Denningsiana** Rchb. fil.?

Bulben rundlich zapfenförmig, graugrün mit zwei bis drei dickadrigen Blättern, diese graugrün, Adern gelbgrün. Blüthen milchweiss, weit geöffnet, Lippe dickfleischig, dunkel ziegelroth, wenig gefranst.

Wächst an Steinen und vulkanischen Felsen. 6000′. April 1877.

26. **Lycaste mesochlaena** Rchb. fil.?

Bulben gross, etwas gedrückt und gekielt. Blätter keiliglänglichspitz, vieladrig. Blüthen äusserst zahlreich, grünlich weiss, ziemlich gross.

An Felsen und auf Lavaboden. 6000′. März 1877.

27. Maxillaria lepidota Lindl.

Bulben schmallänglich, an der Spitze rundlich, bis fünf Centimeter lang, und einen desgl. breit, schwach zusammengedrückt. Blätter von dem Grunde aus scheidig, länglich, scharf zugespitzt, bis 25 Centimeter lang. Blüthen einzeln, auf wenig zahlreichen dünnen Stielen. Sepalen und Petalen lang zugespitzt, hell chromgelb, die letzteren etwas kleiner. Lippe weiss mit rothbraunen Flecken. Säule gelbbraun.

Ausschliesslich an Bäumen an den Westhängen der Anden von Ecuador bei 3500—5000'. October 1876.

28. Maxillaria lepidota b. albida.

Sehr ähnlich der Maxillaria lepidota Lindl., nur sind die Blüthen rein weiss mit rosafarbiger Lippe. 5000'. Juli 1876.

30. Maxillaria divitiflora Rchb. fil.

Blüthen sehr zahlreich an den Bulben, klein, rothbraun.
An Bäumen. 8—9000'. Juni 1877.

31. Maxillaria grandiflora Lindl.

Sehr ähnlich der Maxillaria Lehmanni, allein die Blüthenstiele sind kürzer, die Blüthen kleiner und die Farbe der Lippe weiss mit Rosa angehaucht, während sie bei jener violettbraun mit weiss und roth am Grunde gefleckt ist.
An Bäumen. 6—8500'. October 1876.

32. Maxillaria Lehmanni Rchb. fil.

Blüthen an bis 34 Centimeter hohen Stielen, sehr zahlreich an einer Bulbe erscheinend, zart weiss mit violettbraun gestreifter Lippe. Substanz fest, obschon etwas fleischig. Diese Maxillarie ist die schönste aller mir bekannten. Sie hat sehr starken angenehmen Geruch.
An Bäumen. 7000'. Mai 1876.

33. Maxillaria fractiflexa Rchb. fil.

Blüthen an langen Stielen. Sepalen hellgelb mit braunen Rändern und Spitzen. Tepalen kleiner, reingelb.
An steilen Felswänden in Flussbetten. 7000'. Juni 1877.

34. Chrysocynis sp.
Blüthen gelbbraun.
An Steinen, nur in Lava. 7000'. Juni 1877.

36. Zygopetalum bicallosum Rchb. fil.
Blüthen braun.
An Bäumen. 1000'. August 1876.

4

36 b. 89. Batemania Burtii Endr. & Rchb. fil.

Eine eigenthümliche Pflanze. Der Hauptwurzelstock läuft oft bis vierzig und mehr Fuss an Baumstämmen hinan. Nicht selten hat er sechszig Abzweigungen. Im Allgemeinen blüht diese Batemanie sehr wenig. Sepalen und Petalen am Grunde reingelb, nach den Spitzen in dunkel Rothbraun übergehend. Bis 3000′. October 1876.

38. Stanhopea connata Klotzsch.

Bulben mit Leisten, schwarzgrün. Blätter langgestielt, keilig länglich spitz, dunkelgrün. Blüthen zu zwei, chromgelb, Petalen mit braunem Grunde. Riecht sehr betäubend.

Auf dem Boden. 5800′. März 1877.

39. Stanhopea tricornis Lindl.

Blüthen zu zweien an Einem Schaft, zart milchweiss, sehr gewürzhaft riechend. Nur an Bäumen am Fusse der Westcordilleren bis 3500′ über dem Meere. April 1877.

40. Catasetum expansum Rchb. fil.

Bulben walzig, mit zahlreichen Blattnarben. Blätter etwas schief, länglich, zugespitzt, vielnervig. Blüthen bis zu acht an einer Traube, gross, dunkel kastanienbraun, Lippe dreimal grösser mit einer tiefen Höhlung, dazu eine genau herzförmige Erhöhung.

An Acacien wachsend in einem Flussbette. Nur zwei Exemplare. 6000′. März 1877.

41. Cycnoches Lehmanni Rchb. fil.

Blüthen gewöhnlich zu drei an einem wagerechten Blüthenstiel, chromgelb. Nur an Bäumen, gewöhnlich an Theobroma Cacao in sehr heisser feuchter Zone, fast am Meeresgestade. April 1877.

42. Aëranthus Lehmanni Rchb. fil.

Blüthen zahlreich, klein, röthlichgelb.

An Vulkangestein. 1400′. März 1877.

42 b. 90. Nasonia punctata Lindl.

Blätter etwas fleischig, röthlichgrün. Blüthen leuchtend scharlachroth.

An stark bemoosten verkümmerten Bäumen über Loja. 9—10000′. October 1876.

42 c. 91. Epidendrum maximum Rchb. fil. (**Cattleya** Lindl.).

Die Verbreitung dieser prachtvollen Cattleya ist gross. Sie kommt mit langen dünnen, mit kürzeren Bulben, mit grossen violetten und kleinen rosafarbigen Blüthen vor, etwa bei 5000′. Nördlich von Guayaquil findet sie sich dicht am Meere und zwar besonders an Rhizophora Mangle. Die weissblüthige Abart ist selten. December 1876.

42 d. 92. **Epidendrum asperum** Lindl.

Bulben zapfenförmig, fast schwach geadert, mit zwei bis drei linealen, gekielten, braungrünen Blättern. Blüthen in doppelt verzweigten über einen Meter langen Rispen, klein, gelb mit Braun gefleckt.

An Acacien und Mimosen in der Littoralzone, selten bis einige hundert Fuss über dem Meere. November 1876.

43. **Epidendrum longipes** Rchb. fil.

Blüthen hellgelb, braun gefleckt.

An Felsen und auf Lavaboden. 6000'. Juni 1857.

44. **Epidendrum grammatoglossum** Rchb. fil.

Bulben spindelförmig, bis 12 Centimeter hoch mit zwei länglich zugespitzten lederartigen Blättern. Blüthen sehr zierlich.

Nur an vulkanischen Felsen. 6000'. Juni 1877.

45. **Epidendrum coriophorum** Rchb. fil.

Blüthen zahlreich, rispig, braunroth. Lippe hell karmoisin.

An Bäumen. März 1877.

47. **Epidendrum Sophronitis** Rchb. fil.

Blätter länglich, fleischig, scharf zugespitzt, silbergrau, Blüthen zu mehren, jedoch stets nur eine einzige geöffnet, hellgelb mit dicht neben einander laufenden rothbraunen Linien. Wächst an mooslosen Leguminosenstämmen. Nur in wenigen Exemplaren gefunden. 7000'. Juni 1877.

48. **Epidendrum Lehmanni** Rchb. fil.

Blüthen hellgelb mit weisser Säule. Lippe kreuzförmig. Die walzigen Stämme bis einen Meter hoch.

An Bäumen und Felsen. 6000'. Juni 1877.

49. **Epidendrum geminiflorum** H. B. Kth.

Blüthen gelbbraun, je zwei.

An Bäumen. 8000'. Juni 1877.

49 b. 93. **Epidendrum cylindraceum** Lindl.

Bald am Boden auf fettem Lehm, bald an Felsen, bald an Bäumen. Die Trauben erreichen 35 Centimeter Länge, erscheinen aber auch nur 4—5 Centimeter lang. Die Blüthen sind weissrosa mit grünlichen Spitzen.

Loja. 8—10000'. October 1876.

51. **Epidendrum fimbriatum** H. B. Kth.

Stämme sehr dünn, bis 25 Centimeter lang mit kleinen linealen braungrünen Blättern. Die Blüthencorymbus klein, weiss, mit rosa Lippe, einer weissen Iberis vergleichbar.

4 *

Auf dem Boden und an Felsen an den Westabhängen der Cordilleren bei 7—9000′. Bildet grosse Büsche. März 1877.

53. **Epidendrum jejunum** Rchb. fil.
Blüthen sehr wenige, weiss.
An Bäumen in den heissen Ebenen. April 1877.

55. **Epidendrum purum** Lindl.
Blüthen gelblich weiss, zierlich.
An Bäumen und Felsen. 8000′. Juni 1877.

55 b. 94. **Epidendrum ibaguense** H. B. Kth.
Dieses Epidendrum ist ein Begleiter des Reisenden vom Isthmus von Panama bis zu der Sandwüste Nord-Perus und geht vom Fusse der Cordilleren, also der heissesten tropischen Gegend bis auf die hohen Gebirge in andinischer Temperatur.
An Bäumen, an Felsen, in fettem Lehm. Die Farbe wechselt nach allen Farben — zart weiss, rosa, gelb, violetbraun. October 1876.
Anm. Das vorliegende Exemplar ist von Loja. Ob alle bezeichneten Formen wirklich zu Humboldt's altbekannter Pflanze gehören, gilt mir noch nicht als erwiesen. Rchb. fil.

58. **Bletia Wageneri** Rchb. fil.
Blüthentheile glockig zusammengepresst, hellkarmoisin und herabhängend.
Auf Lavaboden. 7500′. Juni 1877.

59. **Masdevallia Tubeana** Rchb. fil.
Blüthen an sehr dünnen, langen, herabhängenden braunen Stielen, im Innenfelde weissgelb, nach Aussen braun, über die ganze Fläche mit einem feinen Filze überzogen, der in der Sonne goldig schimmert.
An Bäumen in sehr feuchter und heisser Gegend, am Fusse der Westcordilleren. Es ist die Masdevallia, welche im heissesten und niedrigsten Gebiete meines Wissens vorkommt. April 1877.

60. **Masdevallia Lehmanni** Rchb. fil.
Blätter langstielig länglich, rundlich, zugespitzt, mit einer scharf markirten Ader längs des Randes versehen, etwas zurückgebogen. Blüthen zahlreich an einem kantigen etwas über die Blätter hervorragenden Stiele, klein, reinmilchweiss mit gelbem Rande, innerlich mit vielen kleinen violettbrauuen länglichen Punkten quergezeichnet. Schlund und Säule gelb.
Bei 6500—8000′ über dem Meere zwischen Loja und Guayaquil. October 1876.

62. **Masdevallia ventricularia** Rchb. fil.
Blüthen stets einzeln an ihren sehr dünnen Stielen, dunkel kastanienbraun, innen gelb mit Braun gestreift, mit gelben Borsten.
An Bäumen. Westcordilleren. Februar, März. Auch im September.

63. Masdevallia rosea Lindl.

Blüht sehr reich. Blüthen einzeln an hoch über den Blättern emporragenden dünnen Stielen, dunkel karmoisinrosa . . . . . . chromgelb. *) Ich fand an einer Pflanze 60 Blüthen, alle vollständig zu gleicher Zeit geöffnet. Dabei sind die Rasen nicht gross. Die meisten Blattschosse bringen zwei Blüthen auf einmal.

An den obern Abhängen der Cordilleren bei 8900 bis 9000'. Juni 1877.

64. Masdevallia angulata Rchb. fil.

Blätter länglichelliptisch, stumpf gespitzt, dickfleischig, oben braungrün, unten mit rothbraunen Pünktchen dicht überzogen. Die Blüthen einzeln an kürzern, fast horizontalen Stielen, gross, innen am Grunde weissgelb, innen und aussen mit kleinen rothbraunen Warzen besetzt.

An Bäumen und Felsen. 7000'. März 1877.

65. Masdevallia auropurpurea Rchb. fil.

Blüthen zu zweien an dreikantigem Stiel. Untere Sepalen dunkelkastanienbraun mit gelben nicht langen Borsten, oben gelb.

An Bäumen und Steinen. 5500'. Juni 1877.

66. Masdevallia anachaeta Rchb. fil.

Blüthen sehr klein, hellgelb mit dunkelgelben Borsten.

An Erdabbrüchen und auf Lavaboden. Westcordilleren. 2500'. März 1877.

67. Masdevallia ophioglossa Rchb. fil.

Diese Art ist die kleinste mir bekannte Masdevallia. Die Blätter sind höchstens 3 Centimeter hoch, ganz schmal lineal und etwas fleischig. Die Blüthen denen der M. nidifica sehr ähnelnd, nur viel kleiner, rein goldgelb. Wächst auf todtem Holz, verrotteten Baumwurzeln u. s. w.

6500'. März 1877.

68. Masdevallia nidifica Rchb. fil.

Nur drei bis fünf Centimeter hoch. Blätter umgekehrt eiförmig, verhältnissmässig langstielig, oben zugerundet, bräunlichgrün. Blüthen erinnern an eine aufgerissene Veilchensamenkapsel, hellgelb, mit braun geadert und gefleckt mit langen gelbbraunen Borsten. Sie sind sehr zahlreich und ragen frei über die Blätter vor.

An lebenden und abgestorbenen Bäumen in sehr feuchter Temperatur. 6500'. Februar, März, September 1877. Westcordilleren.

Eine Form, nur auf Lavaboden an Abgründen, ausgezeichnet durch weisse, violettbraun gestrichelte Blüthen. 7500'. März 1877.

---

*) Wohl Petala. Ich kann es nicht deutlich erkennen. Rchb. fil.

69. Pleurothallis stenopetala G. Lodd.
Blüthen hellgelb.
Auf Vulkangestein und in Lavaboden. 8000'. Juni 1877.

70. Pleurothallis crepidophylla Rchb. fil.
Blüthen in sehr kleinen Trauben, röthlich gelb.
An Bäumen am Fusse der Westcordilleren. 7000'. April 1877.

71. Pleurothallis arachnantha Rchb. fil.
Blüthen zweizeilig in einer Traube, gelb.
An faulem Holz. 7000'. März 1877.

72. Stelis Vulcani Rchb. fil.
Blüthen reingelb.
An Bäumen und vulkanischen Felsen. 8000'. Juni 1877.

73. Stelis globiflora Rchb. fil.
Blüthen in Gestalt kleiner Glöckchen an einer seitwärts gebogenen Traube, braun.
An Bäumen. 5600'. März 1877.

75. Selenipedium Hartwegii Rchb. fil.
Blätter denen des Selenipedium longifolium Rchb. fil. ähnlich. Blüthen bis 9 an Zahl in zweizeiligem Blüthenstand, grüngelb, die beiden Petalen etwas heller, in Gestalt denen des Selenipedium Roezlii ähnlich.
Nur an Felswänden. 5600'. März 1877.

75 b. 95. Selenipedium Wallisii Rchb. fil.
Im Bau und der Beschaffenheit dem Selenipedium caudatum ähnlich, allein die Blätter sind kräftiger und die Blüthen grösser. Sepalen hellgrüngelb mit sehr deutlich abstechenden Adern. Petalen schmal, bis 50 Centimeter lang, von ähnlicher Grundfarbe, allein mit braunen Adern. Schuh aussen weisslichgelb mit braunen Adern und gelbem Rande, sowie reinweissem Innenfelde mit kleinen carminrothen Punkten nahe der gelben Einfassung. Säule dunkelkastanienbraun.
An gänzlich freien vereinzelten Bäumen. November 1876.

76. Uropedium Lindeni Lindl.
Nur auf Lavaboden und zweimal auf Bäumen. April 1877.

Register.

II. Orchideae Godefroyanae cambodianae.

Herr D. Godefroy-Lebeuf hat sich einige Zeit in Cochinchina aufgehalten, um die so wenig bekannte Flora zu erforschen. Die Früchte dieses Opfers für die Wissenschaft, welches noch dazu mit beträchtlichem materiellem Aufwande ermöglicht worden, sind schwer geschädigte Gesundheit, die Einführung interessanter lebender Pflanzen und ein Herbarium.

Unter ersteren befindet sich die Phalaenopsis Esmeralda, eine wenn auch kleinblüthige, doch wunderbar zierliche, prächtig gefärbte Neuigkeit. Ich verdankte frische Blüthen 1874 der Güte des Herrn Lüddemann in Paris, der seit mehr als zwanzig Jahren mir so viele Beweise des Wohlwollens gegeben und dem ich so viele Orchideen verdanke, auch nachdem Derselbe seine vielbeneidete Stellung als Chef des Cultures der grossartigen Sammlung Pescatores zu la Celle bei St. Cloud bei Paris mit der eines selbständigen Grundbesitzers vertauschte. Leider kannte ich damals den Namen des Sammlers nicht, als ich die Pflanze Esmeralda nannte und sofort publicirte. Es ist nicht rathsam, neue Phalaenopsis unbeschrieben zu lassen, dafern man seiner Bezeichnung Geltung verschaffen will.

In Kew wurde mir die Sammlung der trocknen Orchideen des Herrn Godefroy kürzlich zur Verfügung gestellt. Ich veröffentliche hier, was in so vollständigem Material vorlag, dass eine Benennung rathsam war. Eine beträchtliche Anzahl aber gestattete die Bezeichnung nicht. Nachdem ich, abermals durch Herrn Lüddemann, in directem Verkehr mit Herrn Godefroy getreten, habe ich Aussicht, die hier nicht aufgeführten Formen noch kennen zu lernen. Es scheint aber immerhin geboten, das bereits Studierte hier zusammenzustellen, was bis auf die Habenaria pusilla sich auf die Kew-Exemplare bezieht, deren Dupletten oder mindestens Skizzen ich persönlich besitze; erstere durch die Güte der Herren Sir J. Hooker und Professor D. Oliver.

1. **Gymnadenia acuta**: affinis Gymnadeniae Helferi Rchb. fil. sesquipedalis, plurifoliata, foliis cuneato oblongis acutis, racemo paucifloro, distantifloro, bracteis foliaceis magnis flores multo excedentibus, sepalis triangulis acutis cum tepalis angustioribus galeatis, labello cuneato oblongo acuto, calcari conico ovario pedicellato breviori.

Tige violacée. Fleurs violetlilas à l'aiselle des feuilles. Haut 0,15 à 0,25″. Cambodgia. Stap très Koom. Puam Bal. Juin 1875.

(Obs. Arctissime hae species sunt affines.

Gymnadenia obcordata = Platanthera obcordata Lindl. G. Sp. O. 290

Gymnadenia Galeandra = Platanthera Galeandra Rchb. fil.
Linnaea XXV. 226. Platanthera Championi Lindl. in Hook. Journ. 1855. 37.
China Fortune! Hongkong Seemann! Hance! — Assam Griffith! Khasia Mont.
4—5000'. J. D. Hooker & Thomson! 4—5000 feet. Khasi Hills Assam.
August 1874. Mann!

Gymnadenia affinis = Platanthera affinis.
Wight Ic. V. 1. 1693.

Gymnadenia iantha = Platanthera iantha.
Wight I. c. 1692.

A Gymnadenia Galeandra calcari profundius bifido quasi bilamelligero
bene recedit.)

2. **Habenaria pusilla**: pusilla (0,07 alta), foliis tribus approximatis
cuneato ligulatis obtusis, vaginis in pedunculo geminis ligulatis acutis, racemo
bifloro, bracteis oblongis acuminatis ovaria pedicellata haud semiaequantibus,
sepalo impari oblongo obtuso cucullato trinervi dorso carinato, sepalis lateralibus
triangulis trinerviis, tepalis spatulatis obtuse acutis uninerviis, labello a basi cuneato
trifido, laciniis lateralibus posticis ligulatis acutis, lacinia mediana unguiculata
obcordata lobo utroque antrorso acuto, stigmatis brachiis elongatis, staminodiis
longissimis porrectis linearibus.

Cambodgia. (a cl. viatore directe missa, nec in herb. Kew.)

3. **Habenaria Godefroyi**: gracilis. stricta. sicca nigrita, (0,3 alta),
vaginis basoos retusis, foliis evolutis ternis, lineari ligulatis acuminatis angustis,
summo minuto bracteaeformi, racemo laxifloro, bracteis triangulis acutis ovaria
pedicellata vix tertia quartave aequantibus, sepalis galeatis. sepalo impari latiusculo
transverse triangulo obtuso trinervi, sepalis paribus triangulis trinerviis, tepalis
ligulatis obtusis trinerviis, nervis tamen lateralibus abbreviatis, labello tripartito,
partitione mediana abbreviata linearilancea, partitionibus lateralibus duplo longioribus
capillaceo quinquepartitis (semper quinquepartitis?), calcari gracili cylindraceo acuto
incurvo ovario pedicellato vix aequilongo (si rectificato), stigmatis cruribus abbreviatis.

Fleurs vertes. Éperon très long. Labelle très découpé. Tuberidies deux.
Purtal. 18. Juin 1875.

4. **Habenaria Rumphii** Lindl.
Platanthera Rumphii Ad. Brongn. Voy. Coquille p. 194 t. 38. A.!
Bracteae summae breviores!
„Fleurs blanches en épis serré au sommet de la hampe, éperon vert à
l'éxtrémité. Ovaire non contourné."

Plaines à l'est de Phengure. Septembre 1875.

5. **Habenaria lucida** Lindl.
Feuilles ovales. Fleures vertes en épis lâche et à éperon long.
Angkow. Août 1875.

6. **Habenaria rostellifera**: affinis Habenariae rostratae Lindl.
floribus majoribus, tepalis falcatis integerrimis, (nec triangulis antice serrulatis), labelli tripartiti partitionibus linearibus subaequalibus (nec subulatis), calcari filiformi dimidio externo valide incrassato, rostelli ligula antice aspera apice inaequaliter tridentata anthera breviori (nec minuta triangula).
Ultra pedalis. Folia inferiora ligulata, superiora minuta, in setas exeuntia, numerosa more Habenariae rostratae. Flores illis Habenariae rostratae duplo majores. Bracteae triangulae in setas exeuntes, ovaria non aequantes. Sepalum impar ovatum. Sepala lateralia oblonga apice acuta curva.
„Fleurs roses: sepales marqués de brun."
Bonnet à poil près Harton.

7. **Habenaria tentaculata** (Glossaspis tentaculata Lindl. cf. Rchb. fil.
On the Orchids collected by the Rev. F. C. Parish in the neighbourhood of Moulmein. Transact. Linn. soc. of London XXX. p. 159).
„Fleurs blanc verdâtre. Feuilles appliquées sur la terre."
Bonnet à poil prés Harton.

8. **Peristylus constrictus** Lindl.
„Fleurs blanc verdâtre."
Entre Angkoo Wat et Angkoo Thoou. Juillet.

9. **Peristylus goodyeroides** Lindl.
Mixtus cum praecedente.

10. **Zeuxine Godefroyi**: (0,36 alta) caule gracili elongato, ima basi vaginis amplis brevibus hyalinis vestito, foliis in caule octonis, summis infimisque brevissimis, plerisque inter se distantibus, ternis cuneato ligulatis acuminatis (0,03 longis, 0,01 latis) concoloribus. folio summo vaginaeformi, ciliato, caule sub inflorescentia subspirali brevissime puberulo, bracteis lanceis acuminatis trinerviis bine pilosulis, ovaria inferiora paulo superautibus. ovario valde pubescenti, sepalis oblongo triangulis extus parce pilosis, tepalis linearifalcatis acutis uninerviis, labelli hypochilio ventricoso antice utrinque angulato sinu medio interjecto, callo in basi utrinque, carina longitudinali interjecta, epichilio unguiculato semirotundo sagittato hastato, columnae rostello bidentato, fovea stigmatica liucarilignlata utrinque.
Fleurs blanches en spirale. Racème couvert de grosses aspérités.
Mont Pursat. Juin.

11. **Tropidia curculigoides** Lindl.
Fleurs blanches en tête.
Cambodgia: la Koul la det. Juin 1875.

12. **Phalaenopsis Esmeralda** Rchb. fil. in Gardeners Chronicle 1874. II. 582. Nov. 7: radicibus laevibus hinc sulcatis, foliis cuneato ligulatis acutis (0,35 longis, usque 0,01 ante apicem latis), pedunculo exserto (ad 0,17 alto) nullibi incrassato, paucifloro (ad 4!), bracteis triangulis minutis, floribus illis Phalaenopsidis equestris Rchb. fil. (roseae Lindl.) aequalibus, sepalis oblongis obtusis, tepalis subaequalibus, labelli ungue utrinque medio ligula lineari obtusa porrecta parva, antice lamella depressa tricrenata; lamina ipsa trifida, laciniis lateralibus divaricatis oblongis, lamina media ligulata obtuse acuta porrecta angustiori, plica transversa in disco ante basin, androclinio postice cucullato; rostello ornithorrhyncho; polliniis quaternis liberis.

Pedunculus plantae cultae usque quindecim flores dicitur proferre. Flores amethystini pulcherrimi coloris.

b. albiflora: flore candido, labello roseo.

Sur les rochers et les troncs de Dacrydium. Dans le Cambodja et à une grande distance de là dans les montagnes, qui séparent le Siam ou L'Annam de la Chine. Fleurs roses, labelle pourpre.

Vivam coluit amicissimus Lüddemann Lutetiae.

13. **Thrixspermum arachnites** Rchb. fil.? Dendrocolla arachnites Bl.?

Folium cuneato ligulatum apice obtuse inaequaliter bilobum (0,13 longum, 0,02 latum medio) vidi. Pedunculus anceps, vaginis paucis superne bipectinatus, bracteis ancipitibus falcato triangulis, 0,2 longus. Flores non adsunt.

„Fleurs jaunes sur un long épi."
Mont de Pursat. Juin.

14. **Saccolabium micranthum** Lindl.
Ankow Wat sur les arbres. Juillet 1875.

15. **Cyrtopera Godefroyi:** pedunculo vaginato apice racemoso, bracteis linearisetaceis ovaria pedicellata non omnino aequantibus, sepalo impari ligulato acuto, sepalis lateralibus triangulis, tepalis oblongoligulatis obtuse acutis, labello cuneato rhombeo, utrinque et apice obtusato, disco minutissime obscureque verrucoso, calcarato, calcari filiformi ovarium pedicellatum dimidio aequante.

Folia longe angusteque cuneata oblongoligulata acuminata ultra pedalia pedunculum pedalem aequantes. Flores illis Cyrtoperae nudae Rchb. fil. (Eulophia nudae Lindl.) magnitudine aequales et similes, sed calcari optime diversa.

5 *

„Fleurs verd foncé. Labelle marqué de jaune au centre. Feuilles larges, graminées."

Mont de Pursat. 18. Juin.

16. **Cymbidium pendulum** Sw.

„Feuilles épaisses, tronquées au sommet. Fleurs brunes, rayées de jaune, odorantes."

Sur les Borassus à Compos Chuang. Juin 1875.

17. **Cymbidium ensifolium** W.?

Der Zustand des vorligenden Exemplars gestattet keine sichere Bestimmung. Fleurs brunclair. Nom cambodgien: Thing Dan.

Montagnes de Pursat. 300 m. 18. Juin 1875.

18. **Podochilus microphyllus** Lindl.

Feuilles distiques. Fleurs blanc jaune. Nom cambodgien: Tap tayen.

Ile de Phugrove. 600 m. Octobre 1875.

19. **Dendrobium crumenatum** Sw.

Fleurs blanc pur. Labelle lavé de jaune.

Cambodgia. Rum lei root. Pursat. Juin.

20. **Dendrobium ciliatum** Parish **b. rupicola**: floribus majoribus, carnosioribus, labelli lacinia antica sepala excedente.

Mentum extinctoriiforme, breve. Sepala ligulata acuta. Tepala ligulata antice paulo dilatata, breve acuta, imo hinc sinuato dentata. Labellum trifidum. Laciniae laterales obtusangulae. lacinia media isthmo brevi, lato separata, triangula acuta, lateralibus fimbriatis, fimbriis carnoso clavatis. Carinae clavatae ternae a basi in discum laciniae anticae. Venae elevatae. Columna elongata.

Fleurs roses.

Mont de Pursat. Sur les rochers, en plein soleil. Juin 1875.

21. **Dendrobium excavatum** Rchb. fil. (Oxystophyllum excavatum Blume).

Fleurs blanc jaunâtre.

Route de Yan-dong. Ile de Phugrove. Septembre.

22. **Microstylis Wallichii** Lindl.

Fleurs roses.

Mont Pursat. Juin 1875.

23. **Microstylis congesta** Rchb. fil. (Dienia congesta Lindl.).

Angkow. Juillet 1875.

24. **Microstylis Godefroyi** similis Microstylidi carinatae Rchb. fil.
(Dieniae carinatae Rchb. fil.) pseudobulbo pyriformi a vaginis emaciatis tecto,
hornotino diphyllo, foliis ligulatis obtuse acutis, 0,06 longis, ad 0,01 latis, pedunculo angulato, 0,17 alto, racemoso, floribus inferioribus valde distantibus, bracteis
linearitriangulis inferioribus deflexis ovaria subaequantibus, sepalis triangulis,
tepalis linearibus, labello sagittato acuto triangulo, laciniis retrorsis in medio
labello extus rotundatis a lacinia antica isthmo insiliente separatis, carina semi-
lunata cornubus introrsis in disco.
Fleurs brunâtres.
Plaines marécageuses sur la route de Preaum Ba. 16. Juin 1875.

25. **Liparis ferruginea** Lindl.
Plante terrestre. Fleurs brunes.
Mont de Pursat. Juillet 1876.

26. **Liparis acutissima**: caule basi longiuscule tumido (0,03),
foliis evolutis linearilanceis acuminatis densissime nervosis (0,11 longis, vix
0,01 latis), pedunculo elongato obtusangulo apice racemoso, bracteis linearitriangulis
uninerviis, ovaria pedicellata prope dimidia aequantibus, sepalo impari oblongo,
paribus ligulato incurvis obtusis, tepalis linearibus, labello cuneato oblongo bilobo,
basi obscurissime bicalloso sublaevi, columna arcuata.
Angkow Thom. 6. Juillet 1875. Bayoc, île de Phuquoc. Octobre 1875.

III. Orchideae E. C. Parishianae burmenses.

Rev. E. C. Parish hat während einer Reihe von Jahren viele lebende
Orchideen in Burmah gesammelt und nach Europa gesendet, unter denen Vanda
Parishii, Phalaenopsis Lowii, Parishii, Cypripedium Parishii, Aërides crassifolium,
eine ganze Anzahl Dendrobium den Liebhabern ganz besondere Freude gemacht
haben, während wir noch Alle mit Spannung die Blüthen des Cymbidium Parishii
ersehnen.

Die grosse Hauptsammlung getrockneter Exemplare, zu denen eine beträchtliche Anzahl analytischer Darstellungen, so wie zum Theil von Frau Parish
ausgeführter Bilder gehörte, habe ich bei einem zweimaligen Aufenthalte in Kew,
1872 und 1873 bearbeitet und über dieselbe in der Sitzung der Linneischen
Gesellschaft am 17. April 1873 berichtet. Die Abhandlung findet sich in den
„Transactions of the Linnean Society of London" Vol. XXX. p. 133—155.

Tab. 27—32. Die Originale liegen im Herbar. zu Kew, die Dupletten in meiner Sammlung. 1874 erhielt ich einige Exemplare von Herrn E. C. Parish, welche Derselbe, abermals nach Moulmein zurückgekehrt, mir einsendete. Ich habe über dieselben im London Journal of Botany, Juliheft 1874, berichtet. Sie sind mein Eigenthum. Endlich brachte Rev. E. C. Parish, abermals nach England zurückgekehrt, neulich einige neue Nachträge heim. Die Hauptsammlung gehört Kew, die Dupletten und Pausen der dazu gehörigen Zeichnungen wurden mir übergeben. Ueber diese letzten Orchideen, denen wohl Rev. E. C. Parish keine weiteren hinzufügen wird, da ihm der Aufenthalt in Moulmein zu schädlich ist, berichte ich hiermit. Ich habe indessen die wenigen Notizen aus dem London Journal of Botany hier mit wiederholt. Wie wir es bisher gehalten, sind wir auch bei diesen Arten gemeinschaftlich Autoren der Neuheiten, Rev. E. C. Parish und ich.

1. **Hemipilia calophylla** Par. & Rchb. fil. in Lond. Journ. Bot. 1874. Juli: folio tenui cuneato oblongo seu rotundo acuto brunneo marmorato, pedunculo tenui univaginato apice racemoso plurifloro, bracteis triangulis ovatis ovaria pedicellata longe non aequantibus, sepalis triangulis, sepalo summo quidem melius attenuato, sepalis triangulis minus acutis, labello oblongo seu obovato antice retusiusculo emarginato undulato, calcari conico ovario pedicellato duplo breviore; processu rostellari uncinato ascendente, cruribus stigmaticis minutis inclusis.

Das Blatt ist dunkelgrün, sehr schön mit Braun marmorirt. Die Grösse kommt der bei Hemipilia cordifolia Lindl. gleich, der die ganze Pflanze in dieser Beziehung gleichkommt. Die zierlichen Blüthen haben die Sepalen und Petalen weiss mit grünen Spitzen, die Lippe ist purpurfarbig. Nach einer Notiz des Rev. C. Parish kommen auch ganz purpurne Blüthen vor. Wesentlich eigenthümlich ist an der Pflanze der keilförmige Blattgrund und der ausgezeichnet kegelförmige Sporn. Allerdings habe ich ein einzelnes Exemplar der Hemipilia cordifolia aus dem Himalayagebirge mit etwas ähnlichem Blatt, allein alle andern Exemplare daher haben die vorgeschriebenen herzförmigen Blätter. Von der Blattfarbe bei dieser Art weiss ich nichts.

Für meine erste Bekanntschaft mit dieser Art hatte ich Sir J. Hooker und Professor Oliver schon früher zu danken. Sie zeigten mir zwei einzelne Blüthen. Natürlich war es bei so jammervollem Material, wie es neuerlich öfter eingesendet ward, ganz unmöglich, eine Ansicht zu bilden. Diese Blüthen hatte Herr Gilbert eingeliefert. Bald darauf kamen die angezeichneten, auf Kalkfelsen im August 1873 von Rev. E. C. Parish gesammelten Exemplare.

Rev. E. C. Parish hat auf meine Bitte eine genaue Zeichnung der Säule gefertigt, und zwar am 23. Juni 1874. Die Säule hat beiderseits der oben gestutzten und mit Spitzchen in der Mitte gekrönten Anthere nuten je einen frei vorragenden, stumpf viereckigen, ausgerandeten Vorsprung, dessen Vorderecke schliesslich die nackte Glandula deckt. Der Narbendeckenfortsatz (processus rostellaris) ist kappig zusammengeneigt und weit vorragend.

2. **Gymnadenia Helferi** Rchb. fil. in Flora 1872. p. 276. Rev. Parish zeichnete die Säule nach der lebenden Pflanze, 1874. Der Staubbeutel geht oben spitz aus. Die Fächer laufen parallel und krümmen sich unten über der Narbe ein wenig nach innen. Die nackten Drüsen sind lineal-geigenförmig. also lineal und in der Mitte ein wenig eingeschnürt.

(Platanthera angustifolia Rchb. fil. [Sect. Pseudaceras].

Diese Bezeichnung nehme ich für die Aceras angustifolia Lindl. Gen. & Spr. Orch. Schon die Abbildung Wight's (Ic. V. 1691) beweist, dass wir es mit keiner Aceras zu thun haben. Freilich stellt sie nach meinen Untersuchungen die Säule viel zu schmal dar und giebt über die breite Narbendecke gar keinen Aufschluss. — Im Kew Herbarium findet sich auf einem Blatt eine sehr hübsche Federskizze der Säule. Ich ermittelte, dass diese Zeichnung von Herrn C. B. Clarke (dem Verfasser der „Commelynaceae, Cyrtandraceae Bengalenses" und der „Compositae indicae") herrührt. Dass die Pflanze also zu eliminiren, das war mir längst klar. Aber was mit ihr anfangen? Nachdem wir bespornte Aceras und unbespornte Habenarien und Satyrien haben, schien es mir doch weit besser, die Art zu Platanthera überzuführen, als eine neue monotype Gattung zu begründen, an der, sobald keine weiteren Merkmale zu ermitteln, doch nur ein Anfänger Freude haben würde.)

3. **Habenaria pelorioides** Par. Rchb. f. Trans. Linn. soc. XXX. p.139. Ein weit grösseres Exemplar, als das Rev. E. C. Parish's besitze ich seit langer Zeit selbst und zwar von Manila. vielleicht von Llanos herrührend. Ich erhielt es etwa vor 20 Jahren von Herrn Consul Gustav Schiller mit noch ein paar Exemplaren, welche Derselbe wohl von Herrn Herrmann empfangen hat. Ueber das weitere dortige Vorkommen weiss ich gar nichts. Wir kennen nunmehr zwei einzelne Exemplare dieser ausserordentlichen Merkwürdigkeit.

Wenn blosses Rathen verzichten werden sollte, so möchte ich fast vermuthen, dass die Pflanze eine Peloria der Habenaria salaccensis Bl. oder einer sehr nahe verwandten Art ist.

4. **Vanilla Parishii**: aff. Vanillae aphyllae Blume sepalis tepalisque malto latioribus. apice multo melius acutatis, labelli trilobi lobis lateralibus obtuse triangulis, lobo medio porrecto triangulo lato retusiusculo lateribus crispulo, in disco barbato, ceterum ad limbum calvo.

Tenasserim.

(Species similis, sed multo major:

Vanilla calopogon Rchb. fil. Mss. aff. V. aphyllae Bl. sepalis ligulatis acuminatis (0,04 longis, 0,008 latis ante apicem), tepalis angustioribus, labelli trilobi lobis lateralibus obtuse triangulis latissimis lobo medio porrecto triangulo acuto tota superficie excluso apice extremo barbato.

Insul. Philipp. 2070. Cuming! [herb. propr.].

Critica est species originaria: ..

Vanilla aphylla Bl. Bijdr. 422. Rumphia I. 198 t. 68: sepalis ligulatis acutis, tepalis lineariligulatis acutis, labelli trilobi lobis lateralibus humillimis oblongis, lobo antico ligulato retuso cremulato, densissime erecte barbato.

Java: Blume! Zollinger! Th. Lobb! [Herb. propr.].)

5. **Galeola Hydra** Rchb. fil. Xenia Orchidacea II. p. 77: labello subquadrato antice nunc emarginato cum apiculo, circa totum limbum denticulato crispulo, muriculis supra venas densissimis, callo quadrato in basi media, sepalis extus velutino muriculatis.

Caulis crasso funiformis longissime scandens, vaginis amplis vaginatus, radicibus aëreis nitidis ornatus. Rami ramulosi hinc univaginati, uti in Galeola altissima subvelutini indumento serius detrito. Bracteae squamaeformes triangulae paucae. Ovaria anthesi tenuia velutina. Tepala oblonga acuta, calva. Labellum subquadratum antice emarginatum, supra medium nunc utrinque obtusangulo extensum, toto margine denticulatum, crispulum. Tumor retrorsus quadratus callosus ante medianam basin. Calli obtusi supra venas radiantes numerosissimi. Columna curva. Androclinium oblongum, dorso triangulo, toto margine laterali ac postico membranaceo marginatum. Anthera in parte inferiori locellifera, locellis quaternis parallelis et tumore aequimagno transverse conico retuso papuloso. Stigmatis labium superius membranaceum erectum, labium inferius utrinque extus angulatum mediana parte majori rotundata emarginata. Fovea inde rimam transversam angustissimam sistit.

Tomentum efformatur ex pilis hinc ramosis quarum cellulae plerumque ovoideae, nunc extrorsum angulato cornutae.

Ich hatte diese Galeola nur nach Griffith's trockenen Exemplaren beschrieben.

Höchst unerwarteter Weise erlebte ich die Freude, ein solches chlorophylllosos, bleiches Wesen in Cultur zu sehen, jedenfalls ein noch nie dagewesenes Ereigniss, das einem mit vollen Geschick gepflegten wunderbaren Zufall zu verdanken. Als ich im September 1874 nach Carlsruhe kam, wurde mir von den Herren Hofgartendirector und Hofgarteninspector Mayer eine stattliche lebende Pflanze gezeigt. Diese Herren hatten aus Java eine Sendung empfangen und natürlich die Neulinge sofort umpflanzen lassen. Die schöne schwere Erde aber mochten sie nicht wegwerfen lassen. Sie benutzten dieselbe zur Palmencultur. Aus einem

Topf, worin eine Palme, erschien plötzlich die bleiche, blattlose, vielverzweigte riesige Orchidee, zu der unglaublichen Ueberraschung der Cultivatoren. Diess war bisher der einzige Fall der Blüthe.

So oft ich nachfragte, erfuhr ich, dass der Wurzelstock unter der Erde sich ganz gut befindet. Wir hätten also einen Fall, wie bei Epipogum, Corrallorrhiza, Neottia, wo ab und zu viele Jahre lang die Pflanzen vorziehen, ihr Dasein unterirdisch zu fristen.

Sehr interessant war mir besonders die in einem doppelt geschützten Spalt eingeschlossene Narbe. Die ganze Säule dürfte noch nie richtig abgebildet worden sein. Nur das Bild der „Cyrtosia Lindleyana", Galeola Lindleyana, von Cathcarts Künstlern (Hook. pl. Illustr. Him. pl. XXIV) erscheint mit dem jetzt bei G. Hydra in Europa erhobenen Befunde übereinstimmend, während Blumes Darstellungen der G. altissima wenig erfreulich sind.

Es stellt sich nun heraus, dass jene Galeola, welche Rev. Parish nur ein einziges Mal antraf (No. 90 seiner Sammlung), zu dieser Art gehört. Darum ist nun die Pflanze hier aufgenommen, da ich sie im ersten Verzeichniss (Transact. Linn. Soc. 1873 p. 135) als Galeola altissima mit ? aufgeführt hatte.

6. **Saccolabium fragrans** Par. & Rchb. fil. in Lond. Journ. Bot. 1874. Juli: valde humile, foliis brevissimis ligulatis, apice subacutis obliquis inaequalibus, siccis rugosissimis, racemis decurvis plurifloris pluribus, bracteis triangulis ovaria pedicellata infima dimidio aequantibus, sepalis tepalisque ligulatis obtuse acutiusculis; labello elongato trifido, lacinis lateralibus semiquadratis hinc repandulis, obtusangulis, lacinia media cuneata apice rhombea acuta medio callosa, callo parvo inter lacinias laterales, calcari angulato apice inflato obtuso ovarium pedicellatum plus dimidio aequanti, columnae basi utrinque angulata.

Die Luftwurzeln sind kniebeugig, gefurcht und im Verhältniss zu der zwergigen Pflanze recht gross. Die Blätter sind offenbar sehr dick, zwei Centimeter lang, etwa 0,005 breit. Es mögen sieben an dem Exemplar gestanden haben. Sie sind über und über mit Querfalten bedeckt im getrockneten Zustande. Der Blüthenstand ist niedergebogen und hält ungefähr fünfzehn Blüthen, so klein, wie die des Saccolabium pumilio Rchb. fil. Walp. Ann. VI. 886. (Oeceoclades p. Lindl.). Die Farbenskizze zeigt die gestielten Fruchtknoten von grüner Farbe, in der Mitte mit einer weisslich rosafarbigen Zone. Die Sepalen sind am Grunde grün, der übrige Theil ist purpurfarbig, so gut wie Tepalen und Lippe. Der Sporn ist hell weisslich roseuroth.

Man kann die Pflanze vergleichen mit S. brevifolium Lindl. Diese Art ist schlank, hat einen lang ausgezogenen Stengel und hat durch den ganzen Blüthenbau, speciell durch den Sporn ein anderes Anschn. Saccolabium pumilio Rchb. fil. (Oeceoclades pusilla Lindl. Gen. & Sp. O. 237) hat einen längern und sehr spitzen

Sporn. Saccolabium gracile Lindl. hat einen längern, geraden Sporn. Nur diese drei Arten gehören unter die vergleichbaren.

Diese Art mit ihrem süssen Veilchendufte entdeckte Rev. Parish am 14. Mai 1873 etwa 14 Meter (20 yards) weit von dem Hause in Moulmein, in dem Derselbe 18 Jahre gelebt. Er sagt: I found only one plant. How many curious things must be overlooked or narrowly missed. „Quo minime credas gurgite, piscis inest." — (Noch eine Zwergart von Manilla sei hier mit erwähnt: **Saccolabium discolor:** minutum, foliis oblongis apice inaequaliter bilobis subtus purpureis; racemo densifloro, foliis breviori; bracteis triangulis ovaria pedicellata non aequantibus, sepalis tepalisque ligulatis obtusis, labelli laciniis lateralibus retusiusculis, angulo in medio, lacinia media oblonga obtusa, calcari planiusculo cylindraceo retuso; columna retusa; rostello bidentato candicula sub polliniis utrinque angulata. Saccolabium pumilio G. Chron. 1875. II. p. 98).

7. **Saccolabium denticulatum** Paxt.? (cf. Saccolabium denticulatum Paxt. Mag. VII. 145.)

Ich bezeichne so nicht ohne einigen Zweifel die Abbildung einer kleinen Art. Sie hat einen Stamm von 0,05 Länge, vier Blätter bis zu 0,08 lang, bis 0,009 breit. Drei von ihnen sind scharf zweispitzig dargestellt und zwar zwei ungleichspitzig, eins gleichspitzig. Ein viertes Blatt hat an der Spitze zwei gleiche stumpfe Lappen. Dieser Umstand macht mich bedenklich, da ich nie etwas ähnliches gesehen habe. Die Blüthen stehen zu vier in einer lockern Traube, sind hellgelb und haben einige Purpurflecke um die Mündung der Lippe und auf der Säule. Wahrscheinlich dieselbe Pflanze habe ich „Mishmee Griffith!"

Die ganze Gruppe ist ungemein schwierig und wie ich glaube, noch nicht richtig erkannt. Das ächte alte **Saccolabium calceolare** Lindl. hat eine Art Ebenstrauss (corymbus) aus vielen Blüthen und sehr lange, an der Spitze schief gestutzte zweizähnige Blätter, bis zur Länge von 0,8. Es ist das Aërides leopardinum Wallich's.

Saccolabium acutifolium Lindl. hat denselben Blüthenstand, viel breitere, kürzere Blätter (0,18 zu 0,03). Es ist Wallich's Aërides umbellatum.

Saccolabium obliquum Lindl. ist nach meiner Ansicht ein Gemisch. Das Originalexemplar bietet einen kleinen Blüthenstand, der einer Art dieser schweren Gruppe angehört. Dazu ein Stamm mit sieben dünnen getrocknet röthlichen lang linealzungigen Blättern (0,18 zu 0,05). Ich bin fest überzeugt, dass dieser Theil des Exemplars zu einem Cleisostoma gehört aus der Gruppe von spicatum, Wendlandorum, undulatum, expansum, loratum.

Saccolabium intermedium Griff. Not. III. p. 357 No. 1 ist ein niedriges kleines Gewächs mit armblüthigem Blüthenstand und schmalen schief zugespitzten Blättern (0.11 : 0,01). Ich besitze Originalexemplare von den Khasia Hill's.

Saccolabium bigibbum Rchb. fil. (vgl. Hook. Bot. Mag. 5767) zeichnet sich durch die sehr breiten kurzen stumpf zweilappigen Blätter aus. Dabei hat die Lippe ihre Hauptwölbung ganz vorn, wo die Lippenplatte sich ansetzt. Affine Saccolabio calceolari Lindl. inflorescentia bene corymbosa, bracteis semiovatis abbreviatis, sepalis cuncato oblongis obtusis, tepalis paulo angustioribus, labello calceiformi oblongo subcompresso antice carina transversa, limbo infra-marginali serrulato nudo.

Recedit a Saccolabio calceolari et affinibus limbo transverse retuso, lateribus ascendente, non de sacco abrupto, sacco ipso elongato nec hemisphaerico, fundo compresso, obtuse carinato.

In wie weit mehre sehr häufige Formen zu Saccolabium denticulatum unterzubringen, steht noch dahin.

Saccolabium distichum Lindl. ist durch die einblüthigen Blüthen-stände und die kurzen kleinen zahlreichen Blätter an langen Stengeln sofort zu unterscheiden und bildet eine besondre Gruppe für sich, allerdings durch die sackige Lippe diesen Arten verwandt.

8. **Vanda Denisoniana** Bens. & Rchb. fil. (Hook. Bot. Mag. 5811. Gardeners Chronicle 1869. 528).

Rev. Parish erklärt diese für eine Abart der Vanda Bensoni. Beide wüchsen an denselben Orten. Blüthezeit März. April. Vorwaltende Farbe ockergelb.

Wir sind noch nicht zur selben Erkenntniss in Europa gekommen. Vanda Bensoni bringt eine lange aufgerichtete Traube mit zahlreichen Blüthen. Vanda Denisoniana hat eine kleine wenigblüthige vorgestreckte Inflorescenz. Meine wilden Exemplare der erstern, gesammelt von Colonel Benson und H. H. Hildebrandt stimmen mit den cultivirten Exemplaren vollständig überein.

9. **Aërides crassifolium** Par. Rchb. fil. Ich habe im Gardeners Chronicle 1877. 12. Mai p. 590, über die frischen Blüthen, die mir von Herrn Stuart Low zugingen, folgendermassen berichtet: „Ich hatte den Verdacht, diese Pflanze wäre eine veränderte Localform der Aërides falcatum Lindl. Nunmehr zweifle ich nicht daran, dass es eine ganz ausgezeichnete Art ist, obschon man sie im getrockneten Zustand nicht leicht von Aërides falcatum unterscheiden kann. Diese Art hat einen geraden Sporn, Aërides crassifolium Par. Rchb. fil. hat ihn gebogen. Die seitlichen Zipfel der Lippe sind viel breiter und kürzer in dieser Art. Die zwei Kiele der Mittelzipfel der Lippe stehen dicht neben einander am Grunde, dann berühren sie einander und nach vorn biegen sie sich auseinander.

Gerade das Gegentheil findet bei Aërides falcatum Statt: da beginnen sie damit, von einander entfernt zu stehen und nähern sich einander in der Mitte der Lippe."

10. **Bromheadia aporoides;** pusilla, foliis ensiformibus, acutis curvatis distichis paucis, racemis brevissimis terminalibus, bracteis triangulis acutis, flore uno una vice evoluto, sepalis ligulatis acuminatis, tepalis subaequalibus, labello flabellato trifido, laciniis lateralibus triangulis, lacinia antica paulo latiori, longiori, obtusiori verrucoso papillosa, columna trigona gracili sursum ampliata, rostello bilobo deflexo amplo, caudicula lata triangula emarginata.

Plantula 0,035 alta. Folium maximum 0,04 longum, 0,005 latum, siccum durum, pergameneum, nervosum. Folia in specimine meo quinque, quorum summum reductum. Flos pro plantula magnus. Sepala 0,015 longa. Labellum, quod pinxit cl. Rev. E. C. Parish est album lineis purpureis per lacinias laterales paucis, linea mediana inter lacinias flava, disco laciniae anticae flavo.

Magnum gaudium orchidologorum, part plusquam triginta annos novam speciem generis huedum monotypi ab oculatissimi Rev. Parish Aprili 20 1874 juxta Moulmein detectam esse.

Florem male siccatum licet coloribus pulcherrimis ornatum et maximum nuper ex Siam obtinui. Forsan tertia species generis.

11. **Cyrtopera squalida** Rchb. fil.

Die Exemplare von den Philippinen, Java und Moulmein, wo sie Rev. Parish 1874 im April entdeckte, bieten keinen wesentlichen Unterschied.

Das vorliegende stattliche Bild zeigt eine grosse niedergedrückte rundliche Knolle, auf der halbkreisige Scheiden- und Blattnarben. Dieselbe hat einen Durchmesser von 0,07. Ueber dem Grunde brechen Nebenwurzeln hervor. Der Blüthenstand ist etwa 0,4 hoch, in der untern Hälfte mit drei Scheiden, oben traubig. Die lineal zugespitzten Deckblätter sind etwa so lang als die Fruchtknoten. Die breit linealen spitzen Sepalen sind 0,03 lang; hellochergelb, mit etwas Rothbraun am Grunde äusserlich gestrichelt. Die Tepalen sind etwas kürzer und etwa als rosenroth zu bezeichnen. Die Lippe geht nach hinten in einen walzigen, gestutzten Sporn aus, der dem gestielten Fruchtknoten nicht halb gleichkommt. Die längliche stumpfe Lippe ist in der oberen Hälfte beiderseits stumpflappig und über die Mittellinie hin gelb, während sie übrigens weiss ist. Der breite Staubbeutel hat zwei kurze stielrundliche stumpfe, etwas divergirende Hörner. Er ist ochergelb und mit Rothbraun etwas gefärbt. Die Pollinien sind länglich, quer, mit Mittelfurche über hinterer Mittellinie. Caudicula kurz, oben etwas verengert. Glandula ebenfalls quer, niedrig, jederseits aussen, wo frei von caudicula in einen aufsteigenden halbsichelförmigen Fortsatz ausgezogen.

12. Appendicula callosa Bl.

10. November 1876. Stems tufted, 6 inches — one foot long. Flowers very small, white in every part. Moulmein.

Die Javanische Pflanze blüht im September. Die Scheiden der Blätter tragen die eigenthümlichen kurzen sichelartig gekrümmten Stipularfortsätze. Die länglichen, am Grunde herzförmigen, an der Spitze gestutzt zweilappigen Blätter sind pergamentartig, beiderseits mit drei Grübchen. Die wenigen Blüthen stehen endständig in einem Köpfchen. Deckblätter zusammengeschlagen dreieckig. Sepalen dreieckig, die seitlichen in einen stumpfsackigen Kinnsporn ausgezogen. Tepalen länglich, spitz, kürzer. Lippe länglich, in drei Zipfel ausgehend, seitliche stumpfeckig, mittlerer Zipfel dreieckig. Zwischen den seitlichen spannt sich eine quere etwas gelappte Platte aus. Am Grunde geht die Lippe in einen stumpfen spornartigen Sack aus. Die Säule hat beiderseits eine ausspringende Ecke und einen linealen längeren Rostellarfortsatz. Zwei Caudiculae tragen je vier birnförmige Pollinien und sitzen auf einer scheibenförmigen Glandula auf.

Alles dieses nach den Zeichnungen des Rev. E. C. Parish.

13. Appendicula reduplicata Par. & Rchb. fil.: caulibus simplicibus, foliis oblongoligulatis apice bilobis cum mucrone interjecto (0,02 longis, 0,006 latis), floribus paucis, sepalo summo ligulato obtuse acuto, sepalis lateralibus triangulis in mentum breve conicum obtusum extensis, tepalis . . . . . ., labello columnae infra utrinque adnato oblongo emarginato, carinula obtusangulo rhombea in linea media, columnae angulis triangulis obtusis, polliniis quaternis in caudiculis sessilibus, glandula triangula. Flores terminales.

„Lip with inner folds, hence the name.“ E. C. Parish in litt.

Juxta Appendiculam cornutam Bl. et congeneram Bl. — Juli. August. Moulmein.

14. Podochilus lucescens Bl.

Rev. E. C. Parish hat genaue Zeichnungen des Pollenapparats am 17. December 1874 gefertigt. Vier paarig aufeinander liegende gedrückte birnenförmige Pollinia stehen am Grunde eingescheidet in dem an der Spitze fast herzförmigen, nach unten spitz ausgezogenen Caudicularkörper, welcher auf seiner Unterseite einen hornförmigen angedrückten Fortsatz trägt.

15. Spathoglottis Mandingiana Par. & Rchb. fil.: pedunculo gracili, vaginis longe acuminatis paucis (3—4), breviter densiusculeque puberulo. racemo paucifloro, bracteis anguste triangulis acuminatis, trinerviis, ovaria pedicellata saepius arcuata puberula seminequantibus. sepalis oblongotriangulis obtusiusculis acutis. extus pilosulis, tepalis lineari triangulis multo angustioribus aequilongis, labello oblongolineari acuminato, lamina medio bicallosa, callis cuneato oblongis obtusis antrorsum curvis divaricatis, acutis, contiguis, columna arcuata antrorsum alata dilatata, rostello triangulo producto.

Pseudobulbi ex icone Parishiana breviter pyriformes crassiusculi, supra basin forsan diametro 0,02, vix alti 0,02. Folia in pseudobulbo foliato duo, alterum folium minutum, alterum evolutum, 0,12 longum, ubi latissimum 0,02 latum, minute pilosum, cuneato oblongoligulatum acuminatum. Pedunculus spithamaeus viridulus superne purpuratus. Vaginae caulis purpureae. Sepala et tepala roseo-purpurea, basi purpurea, 0,01 longa. Labellum album, calli flavi maculis purpureis. Columna alba, superne purpurea. Anthera proboscidea profunde purpurea. Omnia haec ad iconem a cl. Rev. E. C. Parish dono datam.

Pollinia octona, bigemina ejusdem directionis sursum ascendentia in caudicula cerea. Apparatus pollinicus igitur dici posset ille Phaji, nisi adesset glandula communis una rotunda ex icone Parishiana. Ill. vir haec habet: „glandula adest, sed lacerata. Forma ejas nec facile visa est, nec fideliter delineata". Ego in rostello alabastri maturissimi cellulas adeo bene servatas nec in viscinam mutatas reperi, ut glandulam formari vix crediderim. Massa glutinosa a Rev. E. C. Parish forsitan ex fovea stigmatica derivanda fuit. Si tamen semper occurrit, tum nil minus planta Epidendreis adsocienda. Plocoglottis est Epidendrea sincerrima, constanter autem glandula gaudere videtur, cui caudiculae cereae characteristicae adhaerent.

Diese Art stammt aus dem Norden Burmah's. Rev. E. C. Parish erhielt dieselben von einem grossen Freunde und sehr geschickten Cultivateur der Orchideen, Herrn Coles-Handing, dem die Art von uns gewidmet wurde mit dem herzlichen Wunsch, diesen Herrn unsern Lieblingsgewächsen auch in Zukunft ergeben zu wissen.

16. **Spathoglottis Lobbii** Rchb. fil. in Walpers Ann. VI. 455. Gardner's Chronicle 1876. April 22. p. 534: pedunculo gracili valido flaccide sparsimque villoso; vaginis parvis valde distantibus; racemo laxifloro: bracteis pilosis ovario pedicellato puberulo multoties brevioribus, sepalis tepalisque sublatioribus oblongis obtuse acutis, sepalis lateralibus labello approximatis; labello tripartito partitionibus basoos ligulatis obtusis erectis, partitione media longe unguiculata antice dilatato flabellata biloba; angulo piloso utrinque in unguis basi; callo bilamellato piloso in ima basi partitionis medianae; columna arcuata apice dilatata. — Flos sulphureus striis 3—4 brunneis in sepalis lateralibus ac punctis quibusdam brunneis in callo et ante callum.

Ich habe die Pflanze vorerst 1862 nur nach Lobb's trockenen Exemplaren beschrieben, von denen ich selbst eins besitze. Die Herkunft dieser Vorlage ist durchaus unsicher — ich hörte Khasia hills. Herr Lindley notirte in seinem Herbar Java. Alsdann erhielt ich die Pflanze 1876 lebend von Sir Trevor Lawrence, der sie von den Herren Rollisson, Tooting bezog. Diesen Herren endlich verdanke ich die Nachricht, dass sie von Burmah herstammt.

Neulich sendete sie Rev. E. C. Parish getrocknet von Akyab. Sie wächst dort an Felsen und hat die Bulbs über denselben, während sie bei Sp. pubescens Lindl., welche in Tenasserim vorkommt, unterhalb des Bodens stehen.

Vielleicht nicht zu enträthseln bleibt die Spathoglottis affinis De Vriese Illustratious, tab. 15. Die Deckblätter sind viel länger dargestellt und die seitlichen Sepalen sind nach aussen gerichtet.

17. **Phajus Blumei** Lindl. Scheint von Bhamo zu stammen.

18. **Coelogyne (Pholidota) advena** Par. Rchb. fil.: densius caespitosa, pseudobulbis subpyriformibus, (monophyllis, vulgo) diphyllis, foliis cuneato oblongis acutis, pedunculo racemoso subsecundo paucifloro (ad 5), bracteis ligulatis acutiusculis ovaria pedicellata paulo superantibus, sepalis ligulatis obtuse acutis carinatis, tepalis ovatis acutis, labello trifido, basi obtuse saccato gibberoso, laciniis lateralibus humilibus semiovatis, lacinia antica profunde emarginato biloba. — Pholidota advena Par. Rchb. fil. Tota fabrica accedit ad C. calceatam, sed flores multo majores illis C. (P.) imbricatae aequales et sunt pauci. Sepala viridia. Labellum album. Anthera pulchre brunnea. Fructus bene tripteri. Pseudobulbi 0,03 longi, ad 0,01 lati. Folia 0,035 longa, ad 0,013 anthesi lata, serius majora.

Potissimum ad icones Parishianas, sed specimen adest haud dives.

Detecta 1870, iterum reperta 1875. Moulmein.

19. **Dendrobium cumulatum** Lindl. scheint nicht in Burmah zu wachsen. Zahlreiche frisch zugegangene Blüthenstaende gehören alle zu Dendrobium rhodocentrum Rchb. fil., welches lebend ungemein leicht, getrocknet ziemlich schwer von jener Art zu unterscheiden ist.

20. **Dendrobium crassinode** Bens. Rchb. fil.
Moulmein.

21. **Dendrobium Falconeri** Hook.

Bhamo. — Die vorliegenden Blüthen bieten einen neuen Beleg dafür, wie durch gute Cultur die Ausdehnung derselben vergrössert wird. Sie können kaum (starke Eintrocknung angenommen) den dritten Theil der Grösse schön entwickelter in England cultivirter Blüthen aufweisen.

Ich habe mehrmals in England gehört (z. B. von Herrn Low), dass diese höchst merkwürdige Art in ganz engen Felsschluchten sich findet, wo sie immerdar von Wassertropfen übersprüht wird.

22. **Dendrobium sphegidoglossum** Rchb. fil.
Moulmein.

23. Dendrobium binoculare Rchb. fil.

Diese Art blühte zuerst 1869 bei Herrn Veitch (vgl. Gardeners Chronicle 1869, p. 785). Später erhielt ich sie wild, von Hildebrandt. 1870 sammelte sie Rev. Parish bei Moulmein (No. 344). „Flowers golden yellow with dark blotches like those of D. fimbriatum." Diese Art bringt endständige und seitenständige Blüthenstände.

24. Dendrobium lamellatum Blume Tabelle X.

Onychium lamellatum Bl. Bijdragen 326. Dendrobium lamellatum, Lindl. in Lindl. O. 89. Dendr. compressum Lindl. Bot. Reg. XXVIII. 1842. Misc. 76. XXX. 1844. tab. 53.

Die zusammengedrückten Bulbs haben auch Rev. Parish veranlasst, die Pflanze Dendrobium compressum zu benennen. Die Sepalen sind gelb mit braunen Tönen. Tepalen und Lippe ganz hell fleischfarbig; der Lippennagel braun, die Scheibe gelb. Säule hellgelblich, vorn mit braunen Flecken. Die Lippe ist der von Lindley im Botanical Register abgebildeten etwas unähnlich. Sie ist mehr kraus, hat stumpfe Seitenlappen und einen breiten, ausgerandeten Mittellappen, der vorgestreckt. Genau solche Formen liegen mir im Herbarium vor, sowohl von Java, als auch aus Gärten. Wesentlich nach dem von Rev. Parish entworfenen Bilde.

(Sehr verwandt, aber in allen Theilen weit grösser und mit langem Lippennagel versehen, ist eine während der Wilkes-Expedition gesammelte Art von Faunu Levu und der Sandal wood Bay: Dendrobium megagastrium Rchb. fil. Mss. in Herb. Harward Univ. U. S.).

25. Epicranthes javanica Blume.

Nachdem Rev. E. C. Parish die Gattung Monomeria wiedergefunden, ist es ihm vergönnt gewesen, die so schmerzlich vermisste Epicranthes ebenfalls wieder zu sammeln, ein Desideratissimum ersten Ranges.

Es liegen vor von Rev. Parish (Moulmein 1874, Juni 25) eine Zeichnung und eine getrocknete Blüthe.

Eine sehr kleine Probe der javanischen Pflanze (gesammelt am 22. September) verdanke ich Blume. Endlich fand ich neulich in Leyden ein recht hübsches ausgeführtes Bild, von dem ich eine Skizze nahm im Reiks Herbarium. Dieses Bild giebt eine ganz andere Vorstellung, als die Figuren IX in Blume's Tabellen.

Ich kann keinen wesentlichen Unterschied zwischen den beiderlei Vorkommnissen ermitteln.

Die Pflanze hat einen kriechenden dünnen Stamm, an dem zweizeilig in Abständen von 0,02 bis 0,03 kleine zungige Bulbs von der Höhe 0,01 und Breite

0,005 stehen, welche ein einzelnes lederartiges keilelliptisches spitzes Blatt tragen, 0,045 lang, 0,015 breit. Die Blüthen stehen wohl achselständig in Scheide unter Bulb, an einblüthigen Blüthenstielen. Ein kleines dreieckiges Deckblatt erreicht die Länge des gestielten Fruchtknotens nicht. Sepalen dreieckig, gleichartig. Eine dünne niedere Haut steht von der Stelle des Tepalum an d. h. von der Firste der Säule bis unter den Lippennagel, und trägt an sechs kurzen Fädchen 6 walzige Körper, die als bewegliche Troddeln herabhängen. Unter dem Mikroskop erscheinen diese merkwürdigen Körper als aus zahllosen polyedrischen Zellen gebildet, welche eine einzellige Schicht bilden. Die Troddel ist innerlich hohl. Die Lippe ist dickfleischig, am Grunde herzförmig, länglich spindelförmig, spitz, mit zahlreichen kleinen Spitzen und beiderseits mit einem grösseren Buckel besetzt. Die Säule mag dreiseitig sein, hat beiderseits der Narbe einen stumpfeckigen Vorsprung und entbehrt gänzlich der grannigen Spitzen der Bulbophyllen.

In einem Brief (Moulmein November 1874) schrieb Rev. E. C. Parish mir Folgendes: „The place of the Petalss occupied by a narrow membrane, which, however, goes completely round from one side of the flower to the other under the Labellum, in the axis formed by the elongated base of the columna and the lower sepals and to this membrane are attached twelve fusiform appendages by threads, as shown in drawing. Three of these on either side occupy the position of the Petals, but the other six are disposed (three on each side) nearly under the Labellum. The colour of the flower is uniform chocolate colour — the tubercles on the lip, which are botryoid are purple-black.“ „Pollinia ovata integra.“ „Flores singuli e squamis ad basin foliorum editis ¼ unciales.“ „Folia crassa levia.“ „Petala fusco rubra. Processus fusco virides. Labellum nigro fuscum figuram linguae elephantidis simulans.“

26. **Bulbophyllum (Cirrhopetalum sepala et tepala limbo calva) taeniophyllum** Par. & Rchb. fil. Lond. Journ. 1874. Jul.: pseudobulbo conico apicem versus bene angustato, sicco longitudinaliter favoso rugoso et transverse ruguloso, folio cuneato ligulato obtuse acuto pedunculum umbelliferum superante, bracteis latiuscule triangulis uninerviis, ovaria pedicellata longe non aequantibus, sepalo dorsali abbreviato triangulo quinquenervi, sepalis lateralibus ter quater longioribus basi liberis dein connatis (conglutinatis?) acutis, utroque sepalo trinervi, tepalis ligulatis acutis trinerviis. columna breviter biseta longioribus, labello ancipiti semilunato. Cirrhopetalum taeniophyllum.

Blüthen blass gelbgrün mit vielen purpurfarbigen Flecken.
Moulmein 30. Mai 1873.

27. **Bulbophyllum (Cirrhopetalum) simillimum** Par. & Rchb. fil., pseudobulbis conico pyriformibus apicem versus bene angustatis (ad 0,025 longis, basi 0,01 latis), foliis cuneato ligulatis obtusato acutiusculis (ad

0,11 longis, 0,02 latis), pedunculo gracili (0,12) medio arcte univaginato, inflorescentia pauciflora, sepalo impari ovato obtuse acuto quinquenervi, sepalis lateralibus ligulatis obtuse acutis, apice minute bidentatis, ceterum excepta basi coalitis, tepalis semiovato triangulis trinerviis, labello crasso ancipiti semilunato, columnae angulis quadratorhombeis. Cirrhopetalum simillimum.

Moulmein 1873. Julio (No. 366).

Simillimum diximus, quod Bulbophyllo taeniophyllo revera simillimum. Bene recedit columnae angulis muticis.

28. **Microstylis flavescens** Lindl.
Moulmein (No. 364).

IV. Orchideae Wilkesianae indescriptae.

1854 erschien der erste Band der „Botany. Phanerogamia. By Asa Gray M. D. With a folio Atlas of one hundred plates." Seitdem haben wir auf die Fortsetzung dieses Werkes gewartet, welches gehört zu den Ergebnissen der „United States exploring expedition. During the years 1838, 1839, 1840, 1841, 1842 under the command of Charles Wilkes, U. S. N."

Welcher Grund auch immer die weitere Veröffentlichung in dem reichen Lande verhindert haben mag, so wird Niemand denselben in Professor Gray vermuthen. Mir wurde die Freude, beim persönlichen Zusammentreffen mit Gray zu Kew mit der Bestimmung dieser Orchideen betraut zu werden. Indem ich hoffe, diese Aufzählung einmal vollständig erscheinen zu sehen, will ich hier die Arten, welche mir als neue erschienen, beschreiben. Wahrscheinlich sind sie meistens von Herrn Rich und Dr. Pickering, vielleicht auch von Herrn Agati gesammelt. Ich habe darüber keine genaue Kunde, da viele Etiketten selbst nur mit Bleistift geschrieben, ich also keinen Schlüssel zur Erkennung der Schreiber finden konnte.

1. **Habenaria cryptostyla**: elata, validissima, dense foliosa, foliis distantibus, quasi petiolo cuneatis oblongis acuminatis, in vaginas decrescentibus, racemo multifloro usque ultra pedali, bracteis amplis oblongo triangulis acuminatis, flores inferiores subaequantibus, apice saepe uncinatis, sepalis oblongo-ligulatis, lateralibus cuneatis, apice aristula insidente, tepalis late triangulis obtusangulis, labello tripartito, partitionibus lateralibus elongato linearilanceis, partitione media triangula brevi, antherae canalibus longe productis adnatis, cruribus stigmaticis minutis ascendentibus. — Racemus ultra pedalis subsecundiflorus, densus. Planta ultra tripedalis. Taïti.

2. **Gymnadenia lepida**: gracilis, tenuis, foliis approximatis basilaribus ligulatis acutis, folio caulino vaginaeformi acuminato, racemo uni-seu bifloro, bracteis ovatis acutis ovaria pedicellata non aequantibus, sepalis oblongoligulatis acutis, tepalis ligulatis, labello trifido, laciniis lateralibus triangulis, lacinia antica cuneato divergenti bifida, lacinulis retusis denticulatis, calcari filiformi acuto incurvo ovarium pedicellatum non aequante. Loo Choo Islands. Dr. Nilson.

Obs. Simillima planta, sed bene diversa labello et foliis est Gymnadenia gracilis Miq. Ann. Mus. Bot. Lugd. Bot. Vol. II, p. 207. Id non ex descriptione, sed ex typicis speciminibus inspectis nunc cognovi. „Labelli laciniae laterales a Miquelio dicuntur 3 — 4 nervulae". „Folium tenuiter nervulosum. Ovarium tenue." Haec omnia a viro illustri scripta, qui ne genera quidem Orchidearum intellexit adeo ut Platantheras cum Habenariis, Aëridem cum Dendrobio commutaverit, me seduxerunt, ut eandem plantam sub nomine Gymnadeniae tryphiaeformis descripserim.

3. **Cnemidia ctenophora**: polyphylla, foliis petiolato oblongoligulatis, acuminatis, nervis quinis validissimis, racemis apicilaribus 1—3 distichis, bracteis complicatis triangulis, floribus exsertis, sepalis tepalisque oblongis acutis, labello pandurato (!), emarginato (?). Num labellum bene intellexerim nescio. Ovalu Wilkes! (Viti Levu Graeffe!).

4. **Altensteinia (Myrosmodes) erosa**: vix spithamaea, vaginis caulis densis acutis membranaceis, racemo denso, rhachi velutina, bracteis ovatis retusis erosodentatis, ovario calvo, sepalis ligulatis acutis, tepalis ligulatis erosulis, labello calceolari inflexo acuto, per medium carinato, limbo lacero fimbriato, androclinii lobis magnis inflexis. — Atamasco. And. Peruv.

Similis Altensteiniae (Myrosmodi) nubigenae.

5. **Chloraea penicillata**: pedalis, foliis anthesi emaciatis in caule tribus, bractea vaginaeformi lineari ligulata ovarium ligulatum superante, sepalis tepalisque ligulatis apice —, labello cuneato ligulato in ima basi linea mediana puberula, antice utrinque margine revoluto ligulis uninerviis subulatis uninerviis barbato, callis paucis triangulis intus appositis, tumore calloso obtuso in apice labelli. — En speciosissimam plantam! — Orange Harbour del Fuego.

6. **Vrydagzynea Vitiensis**: elatior, ultra spithamaea, foliis basi vaginatis, petiolis brevibus laminis cuneato oblongis acutis, superius subito in vaginas paucas decrescentibus, bracteis lanceis uninerviis, glandipilibus, ovaria subaequantibus, sepalis ligulatis uninerviis, tepalis unguiculatis oblongis retusis, labello cuneato acuto, calcari compresso apice didymo, glandulis stipitatis geminis supra medium, rostello producto ligulato utrinque infra angulum prosiliente. — Viti islands!

7 *

Affinis videtur V. uncinata Blumei, quae labello angusto et columnae fabrica ac calcari non didymo optime recedit, siquidem ab artifice Wendelio recte intellecta.

7. **Etaeria polyphylla**: ultra pedalis, validiuscula. foliis plurimis ima basi vaginatis, breve petiolatis, lanceis acuminatis, vaginis paucis acuminatis sub racemo cylindraceo, rhachi velutina, bracteis triangulis acuminatis, glandipilibus, sepalis ovatis acutis, tepalis linearibus, labello ligulato acuto apice constricto. epichilio cordato apiculato, carina antica bicruri per hypochilium. Sandal Wood Bay Viti.

8. **Monochilus stenophyllus**: pedalis usque sexpollicaris, distanter foliosus, vaginis amplis, foliis petiolatis lineari lanceis acuminatis, caule superne paucivaginato, piloso, bracteis triangulis acutis uninerviis pilosis, ovaria dimidia vix aequantibus, sepalis ligulatis, tepalis ligulatis, labelli hypochilio inaequali rhombeo obtusangulo, dein constricto in epichilium dilatatum transversum utrinque ligulatum retusum expanso, corniculato utrinque in basi. Samoa. Savai. Jatuilla.

9. **Monochilus plantagineus**: elatus, ultra pedalis, foliis in caulis basi tantum congestis, vaginis inflatis, petiolis angustis, laminis cuneato oblongis acutis, pedunculo longe subaphyllo vaginis paucis parvis distantibus minute puberulo, racemo elongato densifloro, rhachi puberula, bracteis triangulis uninerviis ovaria sessilia velutina dimidia aequantibus, parce pilosulis, sepalis extus parce pilosulis ligulatis obtuse acutis, tepalis ligulatis supra basin antice obtusangulis uninerviis, labello basi angulato late ligulato canaliculato, antrorsum angustato, apice extenso transverse quadrato antice emarginato cum apiculo, carina per medium, corniculo uno compresso utrinque in basi. rostelli processubus semilunatis. Samoa.

10. **Platylepis heteromorpha**: ultra bipedalis, caule valido folioso (ad 6) vaginis inflatis. laminis longe petiolatis oblongis acuminatis usque spithamaeis 2—3 pollices latis, superne vaginato, vaginis in bracteas decrescentibus, racemo cylindraceo, bracteis triangulis acuminatis uninerviis ovaria pedicellata subaequantibus, ovariis punctulatis, sepalis ligulatis acutis, tepalis unguiculatis rhombeis obtuse acutis, labello basi columnae adnato pandurato acuto basi paulo ventricoso, columnae rostello biaristato. Tuticella. Upolu.

11. **Saccolabium constrictum**: caulescens, vaginis rudibus, foliis ligulatis apice inaequalibus, lobo altero ligulato attenuato obtuso producto, racemo plurifloro, sepalis tepalisque ligulatis, labelli lobis lateralibus angulatis erectis antice transverse connexis, lobo antice lineari antice medio emarginato, calcari a basi arcta constricta oblongovesicato. Viti.

12. **Cleisostoma expansum**: aff. Cl. Wendlandorum foliis latissimis oblongoligulatis apice subaequali bilobis. racemo multifloro, bracteis seta-

ceotriangulis reflexis ovaria pedicellata aequantibus, sepalis tepalisque ligulatis obtuse acutis, labelli lamina cordiformi, superficie calloso rugosa, appendice ante columnam ligulata apice retusa erosa, calcari stipitato vesicato. Caldera Mindanao.

13. **Taeniophyllum philippinense**: radicibus linearibus longissimis laevissimis, pedunculis capillaribus, bracteis ancipiti triangulis abbreviatis bipectinato positis, sepalis ligulatis obtusis, tepalis subaequalibus, labello cuneato hastato, triangulo, calcari sepalis longiori ovarium pedicellatum subaequante. — Ab affini Taeniophyllo obtuso Bl.! calcari longo bene recedit. Caldera Mindanao (etiam Philipp. ins. Cuming! Wallis!).

14. **Taeniophyllum aspernlum**: radicibus intertextis planis, pedunculis validis asperis paucifloris, bracteis triangulis complicatis ovaria pedicellata aspera non aequantibus, sepalis tepalisque ligulatis, labello ligulato incrassato, medio canaliculato, utrinque basi bene semirotundo auriculato, calcari cylindraceo compresso, ovarium pedicellatum seminaequante. Taïti. Emio.

(Taeniophyllum elegantissimum: radicibus intricatis planis, pedunculis capillaribus a basi ad apicem distiche elegantissime bracteatis, bracteis complicatis obtuse ligulatis ovaria pedicellata subaequantibus, sepalis tepalisque lineari ligulatis, labello oblongo supra basin ante unguem utrinque anguste semihastato, calcari cylindraceo conico ovarium semiaequante. Pedunculus laevissimus. Taiti. Vieillard & Pancher.)

15. **Calanthe lyroglossa**: aff. C. clavatae labelli lamina antice transversa ovata acuta. — Folium cuneato oblongum acutum. Pedunculus altus pedalis. — Vaginae amplae laxae in basi. Racemus pluriflorus. Bracteae cito deciduae. Sepala ligulata acuta. Tepala subaequalia. Labelli lamina libera pandurata, laciniae laterales in basi semiovatae minutae, lacinia antica transversa ovata acuta; lamellae geminae obtusangulae in basi. Calcar cylindraceum apice ampliatum ovario pedicellato subaequali. Columna superne ampliata. Anthera acuta. Mt. Mahahai Luçoniae.

16. **Calanthe alta**: foliis a basi petiolari cuncato oblongis acutis, pedunculo valido hinc squamato apice longe racemoso, bracteis triangulo lanceis persistentibus, ovaria pedicellata longe non aequantibus cum rhachi minutissime scabriusculis, ovariis pedicellatis sepalisque extus minutissime scabris, sepalis ovatis acutis, tepalis linearibus acutis, labello trifido, laciniis lateralibus semioblongotriangulis obtusis, lacinia antica producta obtuse biloba, lamellis ternis parvis in basi, carinula anteposita, callis minutis quibusdam, calcari filiformi cylindraceo sepala paulo superante. Upolu Viti.

17. **Phajus Graeffei**: folio longipetiolato oblongo lanceolato acuto, pedunculo paucivaginato, bracteis oblongis acutis deciduis, sepalis oblongoligulatis

obtusis, tepalis subaequalibus latis obtusis, labello flabellato lato antice trilobo, lobis lateralibus obtusangulis, integerrimis, lobo antico paulo producto lobulato toto disco papillis furfuraceo, calcari brevissimo, augulum abruptum minutum efficiente, columna clavata apice triloba elongata, antice furfuracea, pedicellis fructuum elongatis. Ovalu Viti. (Samoa Upola. 2000' Graeffe!).

18. **Dendrochilum junceum**: pseudobulbis aggregatis teretiusculis brevibus, vagina suprema angusta punctulata, foliis tenuibus elongatis subulatis (?), elongatis, usque pedalibus, pedunculis longe inclusis, apicem versus ex parte vaginali exsertis, nutantibus, racemosis, minutifloris, bracteis oblongis, scariosis, ovaria involventibus, sepalis oblongis, tepalis rhombeis, labello minutissimo trifido, laciniis lateralibus semilunatis, lacinia media multo minori triangula, carina angulata in basi media, carina utrinque apposita medio angulata, columna minuta, brachio uno lineari utrinque. Baños Luçoniae. (Etiam: Mahahai. Wallis.)

19. **Earina laxior**: foliis in ima caulis basi distichis lineari ligulatis apice minute bilobis, pedunculum subaequantibus, pedunculo elongato angusto transsectione plano convexo, vagina unica prope obliterata, inflorescentia paniculata brachyclada ramis a bracteis tectis uti in Earina Deplanchei Rchb. fil. Taïti.

20. **Earina plana**: foliis in ima caulis basi distichis, lineariligulatis apice bilobis brevibus, pedunculo complanato longe exserto superne ramis distichis brevissimis paniculatus. Vaginae in Earina valida Rchb. fil. multo ampliores et caulis multo latior et rami recurvi. In Earina Deplanchei Rchb. fil. folia superiora caulem ascendunt. Mudthwati Mtes Viti ins.

21. **Ceratostylis senilis**: caespitosa, pseudobulbis teretiusculis brevissimis, vaginis valde nervosis, foliis linearibus acutis crassis (siccis convolutis), pedicellis basilaribus hispidis longe supra bracteam exsertis, ovariis hispidis, sepalis triangulis, lateralibus in cornu seu calcar spurium ipsis aequilongis extensis, omnibus extus penicillato hispidis, tepalis lanceis acutis, labello longe cuneato antrorsum abrupte dilatato subquadrato apice angustius triangulo limbis involutis, processubus styliformibus geminis retrorsis in basi, columnae auribus semioblongis. Baños Luçoniae. (Flores valde vetusti. Inde subdubius haereo de processubus styliformibus baseos, qui tamen vix artefacti visi.)

22. **Eria (Phreatia) prorepens**: rhizomate repente, foliis solitariis cuneato ligulatis apice inaequaliter bilobulis, pedunculis paulo exsertis seu folia aequantibus, bracteis triangulosetaceis ovariis pedicellatis subaequalibus, mento obtusangulo, sepalis triangulis, tepalis linearifalcatis, labello ab ungue rhombeo apiculato. Similis Eria (Phreatia) elegans foliorum fasciculos triphyllos et flores breviores gerit. Phreatia prorepens. Mahahai Luçoniae.

23. **Eria (Phreatia) oreophylax**: caulibus caespitoso aggregatis, foliis linearibus apice inaequalibus, pedunculis exsertis plurifloris, bracteis triangulo setaceis ovaria pedicellata non aequantibus, sepalis triangulis, tepalis linearibus, labello ligulato obtuso utrinque obscure obtusangulo, uninervi, nervillo utrinque brevissimo apposito. Folia vix lineam latitudine excedentia usque sesquipollicaria. Inflorescentia usque 2½ pollicaris. Affinis est Eriae cladophylaci, quam foliis medio magis carinatis latioribus bracteisque multo latioribus bene distingues. Phreatia oreophylax. Viti. (Locum non legere possum. Uwalu Mt.?)

24. **Eria (Phreatia) Matthewsii**: humilis, foliis linearibus dorso vix energetice carinatis, apice inaequalibus, pedunculis gracillimis, bracteis triangulosetaceis floribus brevioribus, sepalis tepalisque triangulis, his angustioribus, labello ligulato seu ligulato pandurato, apice nunc lobato. — Folia vix lineae latitudinem excedentia, usque tres pollices longa. Pedunculi nunc folia aequantes, nunc eisdem longiores. Phreatia Matthewsii. (Society islands April 1830. On branches of trees Matthews!) Tahiti Wilk. Exp.

25. **Eria (Phreatia) cauligera**: caulescens, elatior, foliis lineari-ligulatis apice obliquis, racemis aequilongis seu longioribus divitifloris, bracteis triangulosetaceis ovaria pedicellata subaequantibus, sepalis triangulis, tepalis angustioribus, labello ligulato, medio utrinque obtusangulo dilatato. Folia ad 4" longa, ad 3''' lata. Phreatia cauligera. Flores Phreatiarum. Ovalu.

26. **Dendrobium glossotis**: affine Dendrobio secundo Lindl. ac Achillis Rchb. fil. caule elato sicco sulcato breviarticulato, foliis papyraceis ligulatis acuminatis (8'' longis, ⅔ 1" latis), racemis brevissimis, bracteis triangulis acutis membranaceis, sepalis ligulatis acutis, perula oblonga obtusa, tepalis ligulatis acutis, labello ab ungue lineari apice dilatato trilobo, lobo medio producto obtusiusculo, lobis lateralibus obtusangulis minutissime minute denticulatis, auriculis geminis erectis ante unguem transversis, androclinio quinquedentato. Ovalau Viti. — Tahiti. — (Dendrobium Achillis Rchb. fil. est Dendrobium calcaratum Achill. Richard).

27. **Dendrobium platygastrium**: affine Dendrobio lamellato Bl. pseudobulbo stipitato dilatato oblongo compresso, foliis oblongis acutis, pedunculis abbreviatis uni-seu bifloris in apice lateralibus, bracteis minutissimis triangulis, ovaris longe pedicellatis, perula ligulato oblonga, sepalis ligulatis acutis, tepalis latioribus, labello unguiculato rhombeo dilatato retuso, hinc obscurissime, denticulato, columna brevissime tridentata. Faunu-levu. Sandal wood bay.

28. **Bulbophyllum rostriceps**: affine B. pusillo Lindl. rhizomate longe repenti, pseudobulbis ligulatis ancipitibus longe distantibus monophyllis, folio

cuneato ligulato obtusiusculo bilobo, pedunculis ex vaginis ebulbibus, capillaribus, monanthis, basi vagina una propria, retusiuscula, bractea brevi sub ovario longe pedicellato, mento submullo, sepalis ligulatis acutis trinerviis, tepalis rl· abeo ligulatis acutiusculis, nervo crasso lato ante apicem evanescente, labello basi utrinque obtuse auriculato ligulato acuto sepala subaequante, quinquenervi, lamella retusa superne una utrinque versus auriculam, columna biseta. Bulbophyllo pusillo Lindl. paulo majus. Viti.

29. **Liparis nesophila**: affinis Liparidi longipedi Lindl. labello ligulato apice bilobo cum apiculo interjecto, lobo utrinque parvo triangulo, lamina basilari vulgo angustiori, medio subito dilatata, nunc subaequali, columna curva basi et apice ampliata.

Usque ultra pedalis, nunc multo minor. Pseudobulbus teretiusculus basi crassior, hinc clavatus, diphyllus. Folia ligulata acuta duo, distantia. Racemus elongatus, multiflorus. Bracteae triangulae uninerviae pedicellos subaequantes. Ovalau. Fauna Levu. (? 614. Viti. Seemann.)

30. **Malaxis** (Oberonia acaulis labello integro) **heliophila**: affinis Malaxidi Brunonianae foliis lineariligulatis acuminatis ancipitibus usque ultra pedalibus, inflorescentiis folia nunc vix aequantibus, nunc exsertis (b. exserta), racemis verticillatis, bracteis ovatis limbo serrulatis, ovariis bene muriculatis, sepalis oblongis, tepalis ligulatis, labello oblongo basi cordato, apice trilobulo (Oberonia heliophila).

(587 Namara. Viti. Iulio. Seemann!) (An Mangrovebäume epiphytisch. Localität sonnig. April. Samoa Upolu. Dr. Graeffe!) Viti: Nudthumata Mts. Ovalau. Rewa Viti. — b. exserta: Sawai Viti.

V. Orchideae Schweinfurthianae aethiopicae.

Die Orchideen des Herrn Dr. Schweinfurth wurden mir zur Bearbeitung anvertraut. Die Vorlagen besitze ich sämmtlich, unter ihnen die No. 2438, das einzige Orchideenindividuum, dem der Reisende auf seiner damaligen Expedition begegnete.

Ich bedaure schmerzlich, dass ich meinen dringenden Wunsch nach einer Schilderung des Vorkommens dieser Orchideen unerfüllt sehen muss. Ich kann mich aber nicht entschliessen, noch länger eine Veröffentlichung aufzuschieben, welche ein neuer Beitrag ist zu den zahlreichen Belegen der unsterblichen Verdienste des kühnen, einsichtsvollen und glücklichen Reisenden. Sollte mir dieses Urtha? verargt werden, der ich aus eigner Erfahrung allerdings über die Mühseligkeiten einer solchen Expedition nicht sprechen kann, so will ich mich auf Grant's Aussprüche berufen, der mir mehrmals über unseres Landsmannes hohe Leistungen seine Ansichten mittheilte.

1. **Habenaria crocea** Schwf.: simillima Habenariae Quingangae Rchb. fil. recedens tepalis simplicibus, labelli dentibus lateralibus minutis, calcari filiformi clavato longiori, anthera emarginata (nec apiculata).

Ad 0,36 alta. Tuberidia vix semen Ciceris arietini aequantia, ubi matura. Folia in basi caulis gracillimi rosulata terna seu quaterna, linearilancea acuminata (0,03 + 0,004), superiora in caule quaterna, plerumque omnia vaginantia. Racemus brevis 3 — 4 — 7 florus, congestus, secundiflorus seu quaquaversus. Bracteae ovatae acutae pedicellos paulo superantes. Ovaria pedicellata curvula, rarius recta (0,015 longa). Sepalum impar ovoideo triangulum acutum. Tepala ligulata obtuse acuta adglutinata. Sepala lateralia sepalo impari angustiora, reflexa. Labellum ligulato triangulum dente parvo utrinque. Rostellum triangulum transversum. Styli crura ligulato teretia retusa. „Flos croceo aurantiacus.“

Südlich von Lehssi: nasse Grasflächen auf Rothfels. 29. Juni 1870. 3968! — Bei Matuoli auf Rasenplätzen der Felsen. 8. Juni 1870. 4031.

(Habenaria Protearum Rchb. fil. Mss. 1865: affinis Habenariae paludosae Lindl. recedens ovariis multo longius pedicellatis, pedicellis bracteas longe superantibus, calcari filiformi apicem versus sensim ampliato, ovarium pedicellatum prope aequante, rostelli processu pentagono, sc. utrinque basi semiovato acuto angulato, dein minute obtusangulo, medio in laciniam ligulatam obtuse acutam producto.

„Habenaria paludosa Lindl.“ Rchb. fil. in Flora 1865 p. 178. 27. Aprili.

Planta gracillima, 0,26 alta, Tuberidia pisum paulo excedentia. Folia linearilancea acuminata (0,03 + 0,004) in basi caulis terna, superiora in caule sessilia 2—3 vaginantia. Racemus densior, laxior, triflorus. Bracteae oblongae apiculatae (0,012 longae). Ovarium pedicellatum 0,03 longum. Sepala 0,009 longa. Calcar 0,025 longum.

„Flores albo virescentes. Labellum fusco luteum.“

Ich habe damals diese Pflanze als Abart zu H. paludosa Lindl. gezogen. Ich scheute mich, die Blüthe aufzuweichen, welche gebrüht oder gebügelt schien. Ich habe dieses nunmehr mit glücklichem Erfolge ausgeführt und ein absolut verschiedenes Rostellum gefunden, welches abgesehen von den Unterschieden der Länge der Blüthenstielchen und des Sporns einen ausgezeichneten Charakter gewährt.

8

„Terrestris in arenosis subumbrosis Proteacetorum in sylvula de Monino. Distr. Huillac. Reg. III a. sup. 3, 800—5500 p. alt."
Februar 1860. Leg. Dr. Welwitsch.)

2. **Habenaria Bongensium**: ultra pedalis, caule validiusculo pleiophyllo (10), foliis triangulis acutis abbreviatis (0,05—0,06 + basi 0,02), superioribus minoribus in bracteas abeuntibus, racemo densissimo cylindraceo, bracteis triangulis flores inferiores paulo superantibus, (0,012 longis) bene aristato acuminatis, sepalo impari elliptico acuto trinervi, sepalis paribus oblongis acutis trinerviis, tepalis bipartitis, partitione externa latoligulata acuta trinervi obscurata, partitione interna lineariligulata acuta uninervi, aequaliter obscure tincta, multo angustiori, paulo breviori, labello tripartito, partitionibus lanceis, lateralibus brevioribus, calcari filiformi apice ampliato obtuso subclavato ovarium pedicellatum paulo excedente, anthera humili, canalibus ore scutellato dilatatis (!), rostelli processu triangulo acuto antheram subaequante, stigmatis cruribus paulo productis, apice obliquis. „Flore albo" (Affinis Habenariae diviti Rchb. fil.).

9. Juli 1870. Bei Scherifi's Seribu im Lande der Bongo. 1974.

3. **Habenaria Schweinfurthii**: exaltata, vultu Habenariae cirrhatae Rchb. fil. Flora 1865. 180. (Bonateae cirrhatae Lindl.), sepalis paribus anthesi convolutis, sepalo impari cuneato oblongo acuminato, stigmatis cruribus porrectis elongatis, apice patellatis ampliatis, anthera acuta.

Planta superba, valida, 0,08 alta, deuse foliata, folia sex sparsa gerens, ad 0,11 longa, 0,05 lata, summa duo jam bracteaeformia. · Racemus novemflorus. Bracteae oblongoligulatae acutae (infima bractea 0,05 longa, 0,01 lata) pedicellum ovarii paulo superantes. Ovarium pedicellatum ad 0,07 longum. Sepala sicca uti bracteae pallide ochracea. Sepala paria cuneato oblonga acuta, quinquenervia trabeculis subtilissimis transversis pluribus. Tepala et labellum incluso calcari olivaceo brunnea. Tepala bipartita partitione utraque lineari acuminata angustissima, partitione interna multo longiori, (0,06 longa). Labellum tripartitum partitionibus lateralibus brevioribus (0,03), partitione mediana paulo latiori (0,04 longa). Calcar filiformi cylindraceum longissimum, sed convolutum, uti cornu venatorium.

Flora von Gallabat: Umgegend von Matamma in lichten Buschwaldungen. 10. August 1865 No. 2458. Einziges Exemplar!

4. **Habenaria cirrhata** Rchb. fil. Flora 1865. 180. (Bonatea cirrhata Lindl. 0. 327). „Flore albo."

„6. Juli 1869. Seribu Ghattas in dichtem Waldgebüsch." — Diese Bestimmung ist auffallend, da diese Art bisher nur auf Madagascar gesammelt wurde. Ich besitze von dieser Pflanze, die in einem einzigen Exemplar zu Kew bekannt ist, nichts, als eine Skizze Lindleys. So gut ganz neuerlich Angraecum eburneum

P. Th., eine sonst ostafrikanische Inselpflanze, soeben von Rev. J. Wakefield im tropischen Ostafrika, Nyika Gebiet gefunden (ein Exemplar liegt mir vor), kann auch dieses Vorkommen möglich sein.

5. **Brachycorythis Schweinfurthii**: aff. Brachycorythidi Kalbreyeri Rchb. fil. Flora 1878 p. 77: bracteis linearilanceis acuminatis trinerviis, labello a basi angusta cuneato ligulato dilatato, apice trifido, laciniis lateralibus semilunatis obtusis, lacinia media minuta triangula.

Planta exaltata 0,82 alta pleistophylla. Folia 41! sub inflorescentia, cuneato ligulata acuta, quinquenervia, inferiora 0,08 longa, 0,015 lata. Inflorescentia 0,16 longa, apice comosa, densiflora, illam Orchidis latifoliae africanae seu lusitanicae aemulans. Bracteae linearilanceae acuminatae trinerviae flores plerosque aequantes, infimos superantes. Sepala paria semiovato dolabrata acuta curva. Sepalum impar ellipticum apiculatum. Tepala oblonga obtusa, introrsum basi obtusangula. Labelli calcar obtusangulum. Columna more Gymnadeniae quoad antheram atque rostellum. Fovea distincte sub anthera. „Flore purpureo."

Steppenniederungen in der Gränzwildniss nördlich von Monbuttu. 21. April 1870 im Lande der Niamniam No. 3577.

Anm. Es ist ein ganz merkwürdiger Zufall, dass ich aus der so armen Gattung Brachycorythis, welche mit Einschluss von Schizochilus bis 1877 sieben Arten enthielt, heuer zwei ausgezeichnete Arten veröffentliche, die beide eine durch die Lippenform ausgezeichnete neue Gruppe bilden, von denen die eine Art die grössten Blüthen in der Gattung hat, während die andere, die hier beschriebene Brachycorythis Schweinfurthii die äusserste Höhe erreicht. Ich halte es für nützlich, hier die Beschreibung und Diagnose der neuen Art zu wiederholen, indem ich sie nach den Differenzen von unserer eben benannten Art etwas umgeändert habe.

(Brachycorythis Kalbreyeri Rchb. fil. in Flora 1878. p. 77: aff. Brachycorythidi Schweinfurthii Rchb. fil. bracteis oblongoligulatis acutis 11—13 nerviis, labello a basi statim valde ampliato lato circumscriptione elliptico, apice tamen angulo exsiliente exciso, seu trifido laciniis lateralibus dimidiatis extus rotundatis hinc lobatis, denticulo minuto in sinu.

Spithamaea usque ultra pedalis. Caulis rectus seu flexuosus, dense, sed distanter foliosus. Vagina braccata ampla acuminata in basi. Folia ligulata acuminata ad duodecim, usque 0,07 longa, ad 0,01 lata, 13 nervia, nervis tenuissimis, nervo nullo prominulo, dum nervi Brachycorythidis Schweinfurthianae inferne valde prominent. Racemus uti in praecedenti immediate supra folia, pauciflorus. Rhachis inter flores minute velutina. Bracteae foliaceae ovaria velutina superantes, oblongoligulatae acutae, 11—13 nerviae. Sepalum impar ellipticum obtuse acutum. Sepala lateralia oblongotriangula obtuse acuta. Tepala obtusangulo

8 ·

rhomboidea, irregularia, latere interno obtusangulo projecta. Labellum ima basi calcaratum, calcari minuto angulum parvum efficiente. Lamina descripta.

Erdorchideae 8 — 16 Zoll hoch. Blüthen duftend, denen von Cyclamen vergleichbar. Tuberidien dich und wollig.

Offene Stellen, auf Lavagrund zwischen Felsen, 5500 — 6000. Cameroons: Mopanza. 25/3. 1877. Kalbreyer!).

6. **Pogonia sp.** Es sind nur Blätter vorhanden, das eine symmetrisch, das andere stark unsymmetrisch. Sie sind quer rundlich, spitz, am Grunde herzförmig, am Randsaume entfernt und mikroskopisch gezähnelt, mit 29 Hauptnerven und vielen Nebennerven. Das grössere Blatt ist 0,1 breit, 0,085 lang. Die Hauptadern sind unterseits schwach gekielt.

Vielleicht ist diess das Blatt zu der Pogonia Kotschyi Rchb. fil. von Fazoglu, die bisher nur in der Blüthe bekannt ist.

Tuhamis Seribu. 20. Mai 1870. Im Lande der Niamniam 3787.

7. **Polystachya golungensis** Rchb. fil. Flora 1865, p. 185? Obschon mir nur Fruchtexemplare der Pflanzen Herrn Dr. Schweinfurth's vorliegen, glaube ich doch, dieselben ziemlich sicher zu dieser bisher nur in Angola gefundenen Art ziehen zu dürfen.

Bei Munsa an Feigenbäumen in Niederungen 2. April 1870, im Lande der Monbuttu, No. 3450.

8. **Lissochilus Schweinfurthii**: aff. Lissochilo giganteo Welw. bracteis maximis oblongis obtuse acutis flores inferiores ad medium labellum attingentibus (nec ovariis pedicellatis dimidio brevioribus uti in illo), sepalis oblongis obtusis (nec apiculatis uti in illo), tepalis ellipticis multo majoribus (0,03 + 0,026), labello oblongo dimidio superiori utrinque obtusangulo ampliato tepalis aequilongo (nec trilobo, illis longiori uti in illo), calcari retrorso gracili curvo corniformi minutissimo (0,003) (nec angulato uti in illo), anthera unicorni (unam tantum vidi).

Diese wahrhaft grossartige Pflanze hat wahrscheinlich ganz andere Dimensionen, wie die nunmehr anzugebenden. Bei der Verwandtschaft mit dem colossalen Lissochilus giganteus Welw. lassen sich riesige Verhältnisse annehmen. Der Reisende wird nach den kleinsten Exemplaren mit Mühe gesucht haben.

Der vorliegende Blattschoss ist 0,9 hoch und der Blüthenstand erreicht 0,86.

Folia cuneato oblonga acuminata arundinacea multinervia, nervis septenis valde prominulis, 0,055 lata. Pedunculus validissimus parce vaginatus, vaginis duabus sub inflorescentia amplissimis, 0,05 ad 0,07 longis. Racemus tredecimflorus. Bractea infima 0,05 longa + 0,02 lata. Labellum in disco lamellis semiovatis geminis, carinis antepositis quinis crispulo laceris.

Bei Tuhamis Seribu. 25. Mai 1870. Im Lande der Niamniam. 3776. Sepalen und Tepalen blassrosa. Lippe mit fünf hellgelben Leistenkämmen.

(Anm. **Lissochilus giganteus** Welw. wurde auch wieder nach Welwitsch gesammelt: Porto da Leuba — River Zaire (Congo) growing on the banks of the river on the mud and covered by the water at high tide (fresh water). Monteiro! Ich verdanke eine Blüthe Herrn Professor Oliver.)

9. **Lissochilus porphyroglossus**: aff. Lissochilo macrantho Lindl.: labello inter laminam anticam et calcar non ventricoso, sed intruso, lamellis ternis a calcaris ostio in discum laciniae anticae altiusculis serratis, anthera bicorni.

Diese Art ist dem Lissochilus Welwitschii in Bezug auf die Kiele der Lippe ganz gleich, im Sporn dagegen ähnelt sie dem Lissochilus macranthus. Die langgespitzten Sepalen dagegen zeichnen sie vor beiden aus, während der Sporn ebenfalls feiner ist, als bei beiden Arten.

Am Huuhflusse. 8. Februar 1870. Im Lande der Niamniam. „Labello purpureo." 2863. — Kelch grün. Petala exterius rosacea. Labellum rubro-violaceum, flavido verrucosum. Bei Munsa. April 1870. Im Lande der Monbuttu. Ser. II. 22.

10. **Lissochilus stylites**: aff. Lissochilo arenario Lindl. sepalis triangulis aristatis, tepalis ellipticis obtusis, labello pandurato emarginato ubique obtusangulo, calcari obtusangulo, callis styliformibus capitatis geminis in fundo ante calcar, carina lineari basi bifida in linea media anteposita, anthera apiculata.

Sepala sicca olivacea, 0,03 longa. Tepala sicca roseo lavata, 0,025 longa + 0,016. Labellum roseo lavatum, 0,025 + transverse 0,025. Lobi laterales labelli intus striolis nigris multis ornati. Pedunculus ad manus est sexflorus. Bracteae longe aristatae ovaria pedicellata aequantes 0,025.

Series II. 21. „Flore dilute roseo." Bei Munsa. 5. April 1870. Im Lande der Monbuttu.

11. **Lissochilus arenarius** Lindl.: „Flore dilute roseo." Sporn weiss, an der Spitze gelb. Lippe innen purpurn gestrichelt.

Seribu Ghatta's Steppen und Niederungen. Mai, Juli 1869. Im Lande der Djur. 1864.

Liegt auch noch vor von Nyika Country, E. Trop. Africa. Rev. T. Wakefield. Com. Col. Grant Jan. 1878. Ich verdanke ihn Herrn Professor Oliver.

Ferner findet sich unter J. M. Hildebrandts Orchideen, über die ich baldigst berichten werde, dieselbe Pflanze, Mombasa 1950. Der treffliche Reisende hat eine Skizze beigelegt, welche auch die höchst sonderbare Sprossfolge erläutert. Die Angaben der Blüthenfarbe sind äusserst genau und führen auch an, dass dunkle purpurne Streifchen am Lippengrunde innen sich auf gelbem Grunde finden. Dieses machte mich gegen meinen Lissochilus stylites misstrauisch, allein die Calli sind so ganz eigenthümlich, dass ihm die Uebereinstimmung in der Farbe wohl nachgesehen werden kann.

(Lissochilus dilectus Rchb. fil. Mss. 1865: affinis Lissochilo arenario Lindl. folio multo latiori, racemo paucifloro, grandifloro, bracteis lanceosetaceis ovaria pedicellata non aequantibus, sepalis ligulato triangulis aristatis, tepalis ellipticis obtuse acutis, labello pandurato, lobo antico multo productiore, longiori, isthmo majori, retuso, callis geminis lamelliformibus in fundo calcaris, cariunla granulosa minuta anteposita, calcari vulgo retuso, anthera apiculata. „Lissochilus arenarius Lindl.“ Rchb. fil. in Flora 1865. p. 188.

Ich habe mit dieser Pflanze schon 1865 mich nicht recht wohl ausgefunden. Ich will offen gestehen, dass die Furcht, zu viele neue Arten aufzustellen, mich beeinflusste, als ich diese Exemplare zu dem damals sehr wenig bekannten Lissochilus arenarius zog. Abgesehen von den zu Kew geschenen Exemplaren, habe ich jetzt deren zehn von verschiedenen Localitäten eigenthümlich und glaube bei dieser Trennung nicht fehlzugehen. — Die Blüthen sind doppelt grösser. „Ein prächtiger Lissochilus mit rosarothen Blumen und purpurfarbigem Labium.“

„Habitat terrestris in dumetosis udis ad flumen Cuanza et ad rivum de Luxillo, ast nequaquam frequens, c. flor. Decb. 1856. Reg. III a. 2400 — 3800 alt. Distr. Pungo Andongo. No. 886. Dr. Welwitsch.)

(Lissochilus Roscheri: aff. Lissochilo arenario Lindl. foliis linearibus acuminatis, racemo paucifloro, parvifloro, sepalis triangulis acuminatis, 0,013 longis, basi 0,003 latis, tepalis ellipticis (0,013 longis, 0,003 latis), labello pandurato, 0,02 longo, lobis basilaribus obtusangulis latissimis, lobo antico bene angustiori, emarginato bilobo, calcari obtusangulo, cariunlis parvis in fundo ante calcar, anthera obtuse conica nec cornuta.

„Blüthen schön lila.“ Zanzibar Roscher! Bongo am Bache Gefal Juni 1863. v. Heuglin!

Mit herzlicher Freude widme ich diese Art, so gut wie die Vanilla Roscheri, meinem allzufrüh uns entrissenen, talentvollen, lieben Freunde Albert Roscher aus Hamburg.)

(Lissochilus Sandersoni: robustus, validus, affinis L. macrantho Lindl. racemo plurifloro, bracteis oblongis acutis (0,023 : 0,012) ovaria pedicellata (0,03 : 0,012) prope dimidio aequantibus, sepalis oblongoligulatis acutis, tepalis oblongo ellipticis acutis bene latioribus (0,016 latis), labello trilobo, lobis lateralibus semiovatis, lobo antico producto lato obtuso nunc retusiusculo, carinis geminis in disco superiori, angulo baseos in calcar validum abruptum crassum retrorsum extenso.

Folii forsan dimidium 0,22 longum, 0,04 latum, oblongolanceum acuminatum. Flores viriduli, hinc purpureo colore sordido lavati. The Bluff. Natal. 18. Jan. 1867. Sanderson!)

12. **Lissochilus orthoplectrus**: pedunculo elongato (0,6 alto) basi paucivaginato, vaginis distantibus, racemo plurifloro, laxo, bracteis triangulo setaceis quam ovaria pedicellata multo brevioribus (ad 0,01 longis), sepalis oblongo-triangulis apiculatis (vix 0,01 longis), tepalis ellipticis acutis (0,013 longis, 0,015 latis), labello trifido, laciniis basilaribus semiovatis, lacinia media ligulata obtuse acuta disco lamellis 5 approximatis crassis crenulatis, calcari extinctorii-formi recto.

Zwischen L. calopterus Rchb. fil. und L. Wakefieldii Le M. Moores Rchb. fil. „Blüthen braun, purpurn gestreift." Nördlich vom Useflusse. Gränzwildniss im Lande der Niamniam. 26. Febr. 1870. 3270.

13. **Lissochilus purpuratus** Lindl.
Stellenweise häufig in lichten Waldungen. Seribu Kurschuk Alia. 28. April 1860. Im Lande der Djur. No. 1587. — Serie II. 23. Lippe purpurn. Die übrige Blüthe weisslich. Am Huuh-Fluss. 28. Februar 1870. Im Lande der Niamniam. Anm. Weiter: Dambo am Bache Gasal, April 1863, Henglin! Abbuhato Irving! — „Schmarotzend auf Wurzeln der Doompalme. Einziges Exemplar. Mai 1854. E. V. (Kew). — Dieses E. V. ist der Namenszug unsres unglücklichen Landsmanns, meines Jugendbekannten, Eduard Vogel.

(**Lissochilus Heudelotii**: aff. Lissochilo purpurato Lindl. labello trifido, laciniis lateralibus obtusangulis, lacinia antica longe porrecta oblongo-ligulata acuta sinuata denticulata, laminis semirotundis geminis ante calcaris ostium, antro quodammodo elevato (plica si mavis) supra calcaris ostium, carinis quinis a disco inter lacinias laterales in apicem laciniae anticae, lamelligeris, lamellis crenulatis, calcari arcto arcuato brevi retrorso, columna trigona, anthera unicorni, cornu brevissimo, glandula semilunari angustissima maxima, caudicula brevissima subnulla.

Lamellis illis semirotundis, lineis lamelligeris quinis ac calcari retrorso ac flore multo minori a Lissochilo purpurato satis superque recedit.

Pedunculus ad manus est 0,035, floridus per 0,02. Vagina arcta longe acuta in basi. Bracteae linearilanceolatae subulatae (0,015 ad 0,01). Sepala ligulata obtusa sat tenerae substantiae 0,015. Tepala oblonga obtuse acuta, ejusdem substantiae (0,015 : 0,007). Certe species omnino affinis Lissochilo purpurato Lindl.

Senegal. Heudelot!)

14. **Lissochilus paludicolus**: aff. Lissochilo longifolio Benth. bracteis lineari triangulis minutis, sepalis ligulatis obtusis (siccis 0,018 : 0,003), tepalis

oblongoellipticis obtusis (siccis 0,08 : 0,01), labello trilobo, lobis lateralibus semiovatis, lobo antico producto cuneato elliptico crispulo, callis geminis in disco posteriore, carinulis ternis in isthmo lobi antici (sicco 0,02 longo, basi 0,018 lato), basi labelli excavata angulata, columna trigona, anthera bicorniculata cornubus obtusis.

Adest collum rhizomatis cum radicibus adventitiis ac fasciculo foliorum ac basi pedunculi. Folium a basi 0,8 altum, 0,02 latum, cuneato ligulatum acuminatum, pluriminerve, nervis quinis prominulis. Pars pedunculi est 0,42 alta, usque per 0,26 florida, racemosa, densiflora. Bracteae lineari triangulae ad 0,01 longae, 0,003 latae. Sepala sicca valde obscure brunnea. Tepala sicca ochracea. Labellum colorem inter utrumque medium demonstrat.

Sumpfniederungen und nasse Steppen nördlich von Ibba. Steppenniederungen im Lande der Niamniam. 25. Juni 1870. „Flore flavo" 3983.

(Grex quinque specierum satis affinis est Cymbidiis, adeo ut unam speciem tredecim annis abhinc pro Cymbidio descripserim: Lissochilum angolensem. Duae aliae species Lissochilus longifolius Benth. et Liss. Buchanani Rchb. fil. Mss. in Herb. Kew et hic Lissochilus paludicolus cum L. Lindleyano.

Lissochilus Buchanani Rchb. fil. Mss. l. c.: aff. L. longifolio Benth.

bracteis lineariligulatis obtusis ovaria pedicellata dimidia excedentibus, sepalis ligulatis obtusis (0,02 : 0,006), tepalis oblongo ellipticis obtusatis (0,02 : 0,01), labello trilobo, tepalis aequilongo, lobis lateralibus semioblongis, lobo antico a basi (ungue brevi) cuneato dilatato antice retuso emarginato, nervis quinis a basi in discum laciniae mediae incrassatis, ibi conspicue ampliatis denticulatis, labelli fundo angulato, apiculo retrorso, columna trigona, anthera unicorni, cornu apice emarginato.

Folium 0,7 longum, 0,04 latum cuneato lanceolatum acuminatum, pluriminervium, telae valiae.

P. Natal. Rev. J. Buchanan! (Acc. ab ill. Sir J. Hooker et D. Oliver). Natal Sanderson!

Lissochilus angolensis: bracteis lanceo acuminatis ovaria pedicellata infima semiaequantibus, inferiora longe non semiaequantibus (0,02 ad 0,01), sepalis ligulatis obtusis, sepalo impari nunc superne dilatato (0,02 longis, 0,003 latis), tepalis subaequalibus, sed bene latioribus (0,007 latis), labello oblongoligulato, lobis lateralibus elongatis humillimis, lobo antico subaequilato antice retuso emarginato, crispulo, carinis ternis incrassatis a basi in discum lobi antici, in medio disco inter partem apicilarem loborum lateralium abruptis ac in disco lobi antici abruptis, columna trigona, anthera brevi bicorni,

Cymbidium angolense Rchb. fil.! Flora 1865 p. 186.

Folia cuneato ligulata obtuse (!) acuta, 0,3 longa, 0,01 lata, multinervia, firma. Labelli venae laterales simplices nec anastomosantes. Habitat terrestris et sporadicus in uliginosis dumetosis agri Lopollensis, ad 5000' ped. circiter altit. c. fl. Nov. 1859. Reg. III a sup. 3800 — 5500 p. alt. Distr. Huilla. No. 734. F. Welwitsch!

Lissochilus longifolius Benth. in Hook. Nig. Floro 530: bracteis lineari triangulis acutis minutissimis (0,003—0,004 longis), sepalis cuneato lineari ligulatis obtusis (0,017 longis, apicem versus 0,002 latis), labelli trilobi lobis lateralibus semiovatis, lobo antico producto oblongo emarginato crispulo, carinis 3—5 a basi in medium incrassatis ibi in denticulos plurimos solutis, labelli fundo angulato cum apiculo retrorso minuto in angulo, columna trigona, anthera minutissime bicorni.

Planta gracilenta, racemo sex—duodecimfloro. Labellum siccum praebet maculas brunneas supra lobos laterales. Venae ibi simplices trabeculis anastomosantibus nullis.

Grand Bassa in open meadow-like morasses Vogel! (Vid. in herb. Benth.-Kew!): Grand Bassa Ansell! (Vid. & delin. ex herb. Lindl.!). Terrestrial: flowers white and red, somewhat resembling those of Laelia. Single spike. Open dry savannah. Bonny 2. 77. Kalbreyer 34! *)

Lissochilus Lindleyanus: bracteis linearitriangulis brevissimis (0.003 — 0,005 longis), sepalis ligulatis obtusis (0,02 — 0,003), tepalis oblongis obtusis (0,02 : 0,009), labelli lobis lateralibus semioblongis. lobo medio antico producto paulo angustiore ligulato integerrimo retuso, carinis ternis incrassatis antice crenulatis, labelli fundo angulato rectangulo sine apiculo libero retrorso, columna trigona, anthera bicorui (rarissime cornu unico apice extrorsum bicruri).

„Lissochilus longifolius Benth. in Niger Flora p. 530." Lindl. West-African Tropical Orchids. Proceedings of Linn. Society May 1862. p. 138.

Planta Lissochilo longifolio Benthamiano longe validior. Folia ad 1. alta. 0,015 lata, plurinervia, acuminata, telae rigidae. Pedunculus in hac specie nunc ramulum unum inferius praebet. Rami venarum in labelli lobis lateralibus ramulis numerosis anastomosantibus ornati, qui in Lissochilo longifolio desiderantur. Labelli lobus anticus integerrimus ac fabrica callorum speciem multo robustiorem facillime distinguunt, quam ill. b. Lindley oculo suo aquilino statim cognovisset, nisi labor ille jam statu valde aegroto confectus fuisset.

„Flowers yellow. Stem six feet high, with a spongy creeping rhizome. Swamps, Nupe (1486.) Barter!" Lindl. l. c.

14. **Lissochilus pyrophilus**: aff. Lissochilo clitellifero et parvifloro, labello ante basis trifido, laciniis lateralibus obtusangulis, lacinia mediana

---

*) Hoc optime congruit cum indicatione „meadow-like morasses." Lissochili nempe in Africa locis nunc inundatis, nunc sole combustis crescunt, unde a nobis vix coli possunt.

ligulata obtusa longe producta, carinis quinis crassis latiusculis transverse sulcatis inter lacinias laterales et in infima basi laciniae mediae, calcari tenuiter conico brevi deflexo. Vultus et dimeusiones Lissochili clitelliferi. Specimen maximum 0,35 altum, per 0,24 racemosum. Racemus laxiflorus. Bracteae triangulae minutae. Sepala ligulata acuta. Tepala oblongo elliptica obtuse acuta nervis lateralibus ramulosis. "Flos brunneus." Sandstellen nach dem Steppenbrande bei Kuraggera 5. Jan. 1870, im Lande der Mittu. No. 2795.

15. **Eulophia guineensis** Lindl. Bei Seribu Agad am Wau, im dichten Gebüsch 1. Mai 1869 Labellum rosa mit carminrothen Streifen. Im Lande der Djur. No. 1672. — Scribu Ghattai 16. Mai 1869. Im Lande der Djur. No. 1861.

(Obs. Eulophia adenoglossa = Cymbidium adenoglossum Lindl.! West. Afr. Orchid.).

16. **Eulophia stachyodes**: juxta Eulophiam herbaceam Lindl. pedunculo gracili exaltato (0,5), vaginis duabus longe acuminatis valde distantibus, racemo pluvifloro, laxo (0,19), bracteis lanceosetaceis (0,018) ovaria pedicellata prope aequantibus. sepalis ligulatis acutis (0,013 : 0,004), tepalis oblongo ligulatis obtusiusculis (medio 0,008 latis), labello trifido, laciniis lateralibus oblongis antrorsum curvulis obtusis (si mavis semiobcordatis). lacinia media porrecta oblonga obtusa paulo crispula. carinis angulatis geminis in fundo ante calcaris ostium, calcari conico cylindraceo brevissimo antrorsum curvulo seu recto, anthera corniculo retuso uno, caudicula brevi, glandula transversa humili. Fasciculus foliorum quatuor a vagina una elongata arcta inclusus, 0,44 altus. Lamina expansa longissima cuneato oblonga acuminata multinervis, 0,28 longa, 0,04 lata.

Am Jubbo. Steppenniederungen im Lande der Niamniam 29. April 1870. "Flore albo purpureo." No. 3754. Sepala virescentia dilute purpurascentia. Petala . . . candidissima. Labellum albidum cristis purpureis 5, lobis lateralibus purpureostriatis. Calcar virescens. Nördlich von Mombuttu. Grenzwildniss im Lande der Niamniam. 20. April 1870. No. 3554.

17. **Eulophia Baginsensis**: affinis E. Petersii Rchb. fil. Flora 1865. p. 186: folio lato rigido (0,3 + 0,07), nervis validis undecim, oblongolanceolato (acuto? apicibus delic.), limbo minute serrulatolobulato, panicula ampla, ramis multifloris, sepalis ligulatis acutis, tepalis spatulatis acutis, labello oblongo subtrilobo lobis lateralibus semioblongis, lobo antico brevissimo subrhombeo obtusangulo, carinis in basi duabus semioblongis crenulatis, antice in basi lobi antici

ternis seu quinis pluridentatis, calcari cylindraceo clavato ovario pedicellato multo breviori, columna trigona, anthera bicornuta.

Das vorliegende Exemplar enthält einen Seitenzweig des Blüthenstandes, dessen Hauptaxe vorhanden. Derselbe ist 0,62 lang und zeigt die Spuren von 32 Blüthen, die an Maassverhältnissen denen der E. Petersii gleichkommen. Eine Frucht ist dickspindelförmig, 0,04 lang, in der Mitte 0,02 breit.

Eine prächtige Zeichnung, welche der Reisende mir verehrte, an den Quellen des Djur am 27. Mai 1870 gefertigt, giebt mehre Aufschlüsse. Die Linien, auf denen die Blätter von den Scheidentheilen sich lösen, sind purpurn. Die Neben-wurzeln sind auffallend dünn. Die Blattspitze ist kappig dolchspitzig. Das Blatt scheint mindestens nach oben zusammengeneigt, woher es sich erklärt, dass die vorliegenden getrockneten Blätter an der Spitze alle gespalten sind. Die Frucht-klappen haben sehr starke Mittelkiele. Sepalen und Tepalen sind olivengrünbraun, am Grunde dunkelbraun. Die Lippe ist weisslich, innen mit purpurnen Strichen. Der Sporn ist gelblich-hellbräunlich. Der Staubbeutel ist gelb. Die Säule weiss, am Rücken etwas purpurn, schwach purpurn gestrichelt. Die Kämme auf der Lippe sind weiss. Blüthenstand drei Fuss hoch.

Am Fuss des Baginse auf Gneissfelsen, im Lande der Niamniam 28. Mai 1870. Ser. II. No. 24.

Anm. Zu dieser Art gehören als nächste Nachbarn Eulophia aloifolia Welw., Petersii Rchb. fil., caffra Rchb. fil. Die zwei ersteren sind sofort durch schmale Blätter, letztere Art durch den langen Sporn zu unterscheiden. Ich habe in London mehrmals lebende Exemplare von Arten dieser Gruppe gesehen, die wegen der gesägten Randung und der dicken Blätter sehr geschätzt waren. Ich habe sie auch mit in den Hamburger Garten über-geführt. Alle Pflanzen sind bald eingegangen und der Fall der Eulophia caffra, die bei Herrn Warner blühte (1865) ist ganz einzig. Ich werde auf diese sehr schwierige Gruppe bei Bearbeitung der Orchideae Hildebrandtianae zurückkommen müssen, breche demnach hier davon ab).

(Hic inseratur novum genus eximium:

Pteroglossaspis n. gen. Cyrtoperae affine. Sepala et tepala subae-qualia ligulata acuta, lateralia in mento. Labellum tripartitum: partitiones ambitu subaequales, laterales divaricatae oblongae obtusae laeves, partitio media porrecta seriebus tuberculorum per discum 5—7, calcar omnino nullum. Columna humilis trigona lobis duobus triangulis rectangule abruptis in labelli basin callorum instar transsilientibus. Androclinium triangulum. Rostellum emarginatum. Anthera depressa, apice obtuse apiculata, antice minute emarginata, valvae postice bene servatae. Pollinia gemina, sphaerica, postice perforata, sessilia in caudicula semi-lunata, glandula infra addita.

Pteroglossaspis eustachya. Pseudobulbus vetustus conicus, superne valde favoso rugosus, squamis hyalinis vestitus, 0,015 altus. Pedunculus gracilis, 0,06 altus, dense vaginatus, vaginis acutis acuminatis imbricantibus. Pedunculus siccus violaceus, apicem versus a vagina subnudus, sc. uno latere. Racemus densiflorus, multiflorus, cylindraceus, 0,05 longus. Bracteae lineari lanceae acuminatae scariosae, paucinerviae, flores excedentes. Sepala, tepala sicca ochroleuca (ac si alba seu sulphurea seu ochroleuca fuissent). Labelli partitiones laterales ejusdem coloris, venis obscuris. Partitio mediana per discum sicca atrata, antice pallida. — Mensurae ex specimine maximo, dum quinque specimina minora. Sepala 0,01 longa, 0,004 basi lata. — Folium longe petiolatum (0,2) lamina cuneatolanceolata acuminata (0,3), medio 0,02 lata, nervis quinis validis.

Abyssinia: ex Tigré v. Begemder. No. 1735. Coll. Schimper a. 1863—1868.)

18. **Cyrtopera flavopurpurea:** pedunculo gracili (0,73), distanter paucivaginato, laxe racemoso (per 0,13), paucifloro, bracteis lanceis scariosis, plurinerviis ovaria pedicellata subaequantibus (0,02), sepalis lanceis acuminatis (0,028), tepalis oblongoligutis obtuse acutis (0,028) plus duplo latioribus (0,09), labello ligulato trifido, laciniis lateralibus multo longioribus, semioblongis antice obtusangulis in lobum brevem anticum obcordatum crenulatum quinquedentatum insilientibus, calcari conico retrorso parvo, columna trigona, anthera apiculata. Folia in uno fasciculo quina, cuneato oblongolanceolata acuminata, ad 0,6 longa ab ima basi, lamina dilatata ad 0,32, medio 0,03 lata, membranacea plurinervis. Valde similis C. densiflorae Rchb. fil. (Eulophiae densiflorae Lindl.), quae lobum anticum labelli muriculis cristulatum gerit ac tepala sepalis aequalia ostendit, ac indica est.

„Labellum dilute purpureostriatum. Calcar apice flavum. Petala etc. flavidovirescentia."

Nördlich von Monbuttu. Steppen in der Gränzwildniss im Lande der Niamniam. 20. April 1870. No. 3546.

19. **Angraecum. N. sp.** indeterminabilis eheu! Caulis adest 0,33 altus, calamum anserinum crassus, vaginis foliorum 22. Vaginae valde nervosae costis septenis, rugis transversis plurimis minutis. Laminae ligulatae, apice inaequaliter obtuse bilobae (0,09 : 0,011) coriaceae. Racemi breves, vaginis basi 3 ampliusculis abbreviatis, bene flexuosi, bracteis 9 anguste lanceis (ad 0,02 longi). Capsula oblonga tumida 0,012 longa, 0,009 lata. Ramulus unus brevis 0,05 longus. Radices adventitiae laeves sulcatae funiformes hinc ramosae longissimae.

Am Boddo in der Gatterio (?) auf Baumstämmen im Lande der Niamniam. 13. Februar 1870. No. 3053.

Diese höchst interessante, leider blüthenlose Art nähert sich am Meisten dem Angraecum imbricatum Lindl., welches grösser ist, gerade Blüthenstandsaxen mit zahlreichen, zweizeilig gedrängten längeren Deckblättern besitzt.

Verzeichniss der Vorlesungen,

welche von Ostern 1878 bis Ostern 1879 am Akademischen und Real-Gymnasium gehalten werden sollen.

K. W. M. Wiebel, Professor der Physik und Chemie, d. Z. Rector,

gedenkt zu lesen:

im Sommersemester:

1) Encyclopädie der Naturwissenschaften, Dienstag und Freitag von 10—11 Uhr,
2) Experimental-Physik, Montag, Mittwoch und Donnerstag von 10—11 Uhr;

im Wintersemester:

1) Encyclopädie der Naturwissenschaften, 2te Abtheilung, Dienstag und Freitag von 11—12 Uhr,
2) Experimental-Physik, Montag, Mittwoch und Donnerstag von 11—12 Uhr.

Dr. G. M. Redslob, Professor der biblischen Philologie und der Philosophie,

wird seine Vorlesungen erst bestimmen, wenn sich Gymnasiasten werden eingefunden haben.

Dr. H. G. Reichenbach, Professor der Botanik,

kündigt an:

im Sommersemester:

Mittwoch und Sonnabend, öffentlich, von 5—7 Uhr: Phanerogamenkunde mit Demonstrationen und Vertheilung von Exemplaren;

im Wintersemester:

Cryptogamenkunde (nach Wunsch nur Zellen-Cryptogamen oder nur Gefäss-Cryptogamen und Moose), Mittwoch und Sonnabend von 7—8 Uhr,
Anatomie und Physiologie der Pflanzen, desgl. von 8—9 Uhr.

10

George Rümker, M. A., Director der Sternwarte,

erbietet sich zu folgenden Vorträgen:

im Sommersemester:

1) Analytische Geometrie, Dienstag, Mittwoch und Donnerstag von 2—3 Uhr,
2) Ebene und sphärische Trigonometrie, Sonnabend von 9—11 Uhr;

im Wintersemester:

1) Niedere Analysis, Dienstag, Mittwoch und Donnerstag von 2—3 Uhr,
2) Sphärische Astronomie, Sonnabend von 10—12 Uhr.

M. Isler, Dr.,

erbietet sich zu folgenden Vorträgen:

im Sommersemester:

1) Tacitus Dialogus de Oratoribus, Montag und Donnerstag von 9—10 Uhr,
2) Aristophanes' Ritter, Dienstag und Freitag von 9—10 Uhr;

im Wintersemester:

1) Juvenal's Satyren, Montag und Donnerstag von 9—10 Uhr,
2) Aristoteles' Politik, B. II ff., Dienstag und Freitag von 9—10 Uhr.

Dr. *Adolf Wohlwill*,

beabsichtigt zu lesen:

im Sommersemester:

1) Deutsche Geschichte seit dem Ausgang des Mittelalters, Dienstag und Freitag von 7—8 Uhr Abends,
2) Literaturgeschichte des 18. Jahrhunderts mit besonderer Berücksichtigung Hamburgs, Mittwoch von 2½—3½ Uhr;

im Wintersemester:

1) Deutsche Geschichte (Fortsetzung), Montag und Donnerstag von 7—8 Uhr Abends,
2) Geschichte der constitutionellen Monarchie, Mittwoch von 2½—3½ Uhr;
3) (Oeffentlich) Zur Geschichte des deutschen Dramas, Dienstag Abends von 8—9 Uhr,
4) (Oeffentlich) Neuere Geschichte seit Gustav Adolf, Sonnabend Abends von 8—9 Uhr.

Ausserdem ist derselbe bereit, Anleitung zum historischen Quellenstudium zu ertheilen.

Zufolge § 7 des Regulativs vom 4. September 1854 werden die Vorlesungen folgender Herren angekündigt:

Pastor Dr. *A. Krause,*

im Wintersemester:

Die Gesetze des menschlichen Herzens.

Dr. med. *A. Classen,*

im Wintersemester:

Ueber Sinnes-Empfindung und Sinnes-Wahruehmung, öffentlich.

Oberlehrer Dr. *Schubert,*

in beiden Semestern:

Ueber historisch gewordene Probleme der Mathematik, Donnerstag, Morgens von 6—9 Uhr, öffentlich.

Stenographie von *J. C. Ch. Partz sen,*

im Sommersemester:

Erste Abtheilung (für Geübtere): Montag, Abends von 9—10 Uhr,
Zweite Abtheilung (für Anfänger): Dienstag und Donnerstag, Abends von 9—10 Uhr;

im Wintersemester:

Erste Abtheilung (für Geübtere): Dienstag, Abends von 9—10 Uhr,
Zweite Abtheilung (für Anfänger): Montag und Donnerstag, Abends von 9—10 Uhr.

Professor *Wiebel,* d. Z. Rector.

Sommersemester.

Montag.	Dienstag.	Mittwoch.	Donnerstag.	Freitag.	Sonnabend.
		Historisch gewordene Probleme der Mathematik. Dr. *Schubert.*			
Tacitus. Dr. *Isler.*	Aristophanes. Dr. *Isler.*		Tacitus. Dr. *Isler.*	Aristophanes. Dr. *Isler.*	Ebene und sphärische Trigonometrie. *Rümker.*
Experimental-Physik. *Wiebel.*	Encyclopädie. *Wiebel.*	Experimental-Physik. *Wiebel.*	Experimental-Physik. *Wiebel.*	Encyclopädie. *Wiebel.*	
	Analyt. Geometrie. *Rümker.*	Analyt. Geometrie. *Rümker.*	Analyt. Geometrie. *Rümker.*		
		Literatur-geschichte. Dr. *Wohlwill.*			
		Phanerogameu-kunde. *Reichenbach.* (Oeffentlich.)			Phanerogameu-kunde. *Reichenbach.* (Oeffentlich.)
	Deutsche Geschichte. Dr. *Wohlwill.*			Deutsche Geschichte Dr. *Wohlwill.*	
Stenographie. I. Abth. *Partz.*	Stenographie. II. Abth. (Anfänger.) *Partz.*		Stenographie. II. Abth. (Anfänger.) *Partz.*		

Wintersemester.

Stunden.	Montag.	Dienstag.	Mittwoch.	Donnerstag.	Freitag.	Sonnabend.
8—9				Historisch gewordene Probleme der Mathematik. *Schubert.*		
9—10	Juvenal. Dr. *Isler.*	Aristoteles. Dr. *Isler.*		Juvenal. Dr. *Isler.*	Aristoteles. Dr. *Isler.*	
10—11						
11—12	Experimental-Physik. *Wiebel.*	Encyclopädie. *Wiebel.*	Experimental-Physik. *Wiebel.*	Experimental-Physik. *Wiebel.*	Encyclopädie. *Wiebel.*	Sphärische Astronomie. *Rümker.*
2—3		Niedere Analysis. *Rümker.*	Niedere Analysis. *Rümker.*	Niedere Analysis. *Rümker.*		
2½—3½			Geschichte der constitutionellen Monarchie. Dr. *Wohlwill.*			
7—8	Deutsche Geschichte. Dr. *Wohlwill.*		Cryptogamen-kunde. *Reichenbach.*			Cryptogamen-kunde. *Reichenbach.*
8—9		Geschichte des deutschen Dramas. Dr. *Wohlwill.* (Oeffentlich.)	Anatomie und Physiologie der Pflanzen. *Reichenbach.*			Anatomie und Physiologie der Pflanzen. *Reichenbach.* Neuere Geschichte. Dr. *Wohlwill.* (Oeffentlich.)
9—10	Stenographie. II. Abth. (Anfänger.) *Partz.*	Stenographie. I. Abth. *Partz.*		Stenographie. II. Abth. Anfänger.) *Partz.*		

11

Henrici G. Reichenbach fil.

Otia Botanica Hamburgensia.

Fasciculi secundi pars prima.

VI. Orchideae Hildebrandtianae. VII. Novitiae Orchidaceae
Warmingianae. VIII. Novitiae africanae.

Hamburgi,

VI. a Idus Augusti 1881.

Typis Theodor. Theophil. Meissneri, Amplissimi Senatus, Gymnasii et Ioannei Typographi.

Illustrissimo viro

Gustavo Henrico Kirchenpauer

Consuli Magnificentissimo R. P. Hamburgensis

Protoscholarchae indefesso

Bryozoorum monographo acutissimo

diem VI. ante Idus Augusti MDCCCLXXXI

festum diem,

quo ante quinquaginta annos Heidelbergae

summos Utriusque Juris honores obtinuit

ex intimo animo

gratulatur

hujus opusculi auctor

Henricus Gustavus Reichenbach.

VI. Orchideae Hildebrandtianae.

Mein hochverehrter Freund, Herr J. M. Hildebrandt, hat seit einer Reihe von Jahren in den ostafrikanischen Gebieten, gegenwärtig auf Madagascar als Naturforscher gewirkt. Ich freue mich, hier eine Aufzählung der von demselben erbeuteten, natürlich wenig zahlreichen Orchideen liefern zu können.

Skizzen der Reise sind von Berlin aus mehrfach gegeben und werden gewiss auch ferner veröffentlicht werden. Ich beschränke mich hier darauf neben der hohen Anerkennung für die ausserordentlichen botanischen Leistungen meines trefflichen Freundes zugleich dankend hervorzuheben, dass Herr Rector C. Rensch in Berlin, S. W. Nostizstrasse 14, als Vermittler zwischen den Interessenten und dem Reisenden in jeder Beziehung das Erreichbare geleistet und sich dabei auch durch das Talent, selbst dem bedächtigsten Monographen die Bestimmungen in relativ kurzer Zeit zu entlocken, besonders hervorgethan hat. — Drei von Herrn v. Mechow gesammelte Orchideen sind beiläufig mit aufgeführt: sie stammen von Angola.

Der Nummernfolge nach erhalten wir das folgende Verzeichniss:

382. Lissochilus graniticus N. Sp.

1043. Eulophia Petersii Rchb. f.

1044 und b. Lissochilus Wakefieldii Rchb. f. Moore.

1044 et b. e. p. Lissochilus calopterus Rchb. f.

1286. Angraecum bilobum Lindl.

1465. Holothrix Vatkeana Rchb. f.

1704. Angraecum Brongniartianum Rchb. f.

1705. 1706. Cynosorchis squamosa Rchb. f.

1707. Bulbophyllum megalonyx N. Sp.

1709. Malaxis brevifolia Rchb. f.

1950 und b. Lissochilus arenarius Lindl.

1951. Lissochilus purpuratus Lindl.

1951 b. Lissochilus Wakefieldii Rchb. f. Moore.

9*

1952. Ansellia africana Lindl. nilotica Baker.
1952 b. Aërangis Kotschyi Rchb. f.
1991. Acampe pachyglossa N. Sp.
2049. Listrostachys Sedeni Rchb. f.
2374. Aëranthus Guyonianus Rchb. f.
2647. Eulophia Petersii Rchb. f.
2988 a. Bulbophyllum Hildebrandtii Rchb. f.
2990. Angraecum Brongniartianum Rchb. f.
3055. Eulophia beravensis N. Sp.
3158. Disperis Hildebrandtii N. Sp.
3255. Angraecum physophorum N. Sp.
3256. Angraecum aphyllum P. Th.
3257. Cynosorchis flexuosa Rchb. f.
3303. Pogonia Renschiana N. Sp.
3392. Acampe Renschiana N. Sp.
3349. Cynosorchis purpurascens P. Th.

sine Nr. Habenaria plectromaniaca Rchb. f. und Sp. Moore.

v. Mechow: 138. Lissochilus Renschianus N. Sp.
203 und 203 a. Lissochilus stylites Rchb. f.
264. Lissochilus Mechowii N. Sp.

1. **Cynosorchis purpurascens** Thouars.
Nosi-Komba N. W. Madagascar. Februar 1880. Nr. 3349.

2. **Cynosorchis squamosa** Rchb. f. (Cynorchis squamosa Lindl.)
Comoro-Insel Johanna. Strandhügel zwischen Gras. Juni bis August 1875.
Nr. 1705. Comoro-Insel Johanna 1500 m. Auf faulen Baumstämmen. Nr. 1706.

3. **Cynosorchis flexuosa** Rchb. f. (Cynorchis flexuosa Lindl.).
Nosi-Komba. Im Grase. Fauce purpureo picturata. December 1879. Nr. 3257.
(Cynosorchis uniflora -- Cynorchis uniflora Lindl.).
(Cynosorchis Boryana == Cynorchis Boryana Lindl.).

4. **Holothrix Vatkeana** Rchb. f. in Journal of Botany XIV. 346.
(1876): ultra pedalis, gracilis, tuberidiis oblongo ovoideis, foliis geminis humistratis a basi rotundata oblongis acutis seu oblongotriangulis, racemo sparsifloro
plurifloro, quaquaverso subspirali, bracteis triangulo semilanceis, perigonio couni-
venti, sepalis triangulis, tepalis ligulatis porrectis plus duplo longioribus, labello
ad medium trifido laciniis linearibus, calcari conico amplo apice gracili incurvo,

ovarium dimidium vix aequante. Folia, pedunculus, bracteae, ovaria pilosa, perigonia calva. Folia usque 0 m, 025 longa, 0 m. 016 lata. Pedunculus a vaginis liber pilis pellucidissimis longis pilosus. Racemus subspiralis floribus ad 16. Bracteae apice subpenicillatae.

Die schlankeste bekannte Art. Blätter zweimal so gross als die der nächstverwandten Art Holothrix gracilis Lindl., die sich durch Sporn, dicke Blätter u. s. w. auszeichnet.

Herrn Vatke, dem eben so eifrigen, als kenntnissreichen und verdienten Berliner Botaniker gewidmet.

Somali Land. Meid. Serrutgebirge 1800 m. Auf Kalk. Im Schatten. April 1875. Nr. 1465.

5. **Habenaria plectromaniaca** Rchb. f. Sp. Moore.

Tschamtei in Duruma. Juli 1877. Absque Nr.

6. **Disperis Hildebrandtii**: caule gracili monophyllo, folio supra caulem medium subcordato oblongo triangulo obtusiuscule seu bene acuto, racemo bi* — quinquefloro, bracteis inferioribus foliaceis ovaria pedicellata aequantibus, floris galea emarginata, ex sepalo impari lanceotriangulo breviori ac tepalis semiovatis paulo longioribus, sepalis lateralibus latis connatis ad medium, partibus liberis obtusangulis medio transverse saccatis, labello ligulato toto papillis tecto auricula in basi utrinque falcata margine papillosa.

Vultus ac dimensiones Disperidis tripetaloidis. Papillae ex filis saccharatis apice vesicatis seu clavatis.

Nosi-bé: Lokobé-Berg. An Bächen. Stellenweise. Sept. 1875. Nr. 3158.

7. **Pogonia Renschiana**: N. Sp. affinis Pogoniae umbrosae Rchb. f.: labelli nervis incrassatis, lobo medio longius producto bene acuto. Ultra pedalis. Pedunculus vaginis membranaceis distantibus ternis. Racemi ad manus quadriflori. Bracteae linearitriangulae subtiliter tri* — usque quinquenerviae, ovaria pedicellata excedentes. Sepala triangulo lancea supra nervum medium carinata, quinquenervia, viridia. Tepala lancea acuta nervis manifestis ternis, viridia. Labellum magnum, trilobum. Lobi laterales obtusanguli. Lobus medius lato triangulus. Carinae geminae, utrinque pone lineam mediam. Nervi in portione antica validissimi, ex parte arcolati. Color albus seu ochroleucus. Columna clavata. Sepala ultra pollicaria.

En pulcherrimam speciem ex Nerviliae sectione, cl. C. Rensch, de amico J. M. Hildebrandt meritissimo, grato animo et certissime lubentissime annuente amico dicatam.

Nosi-bé: Urwald von Lokobé. December 1879. Nr. 3303.

8. **Malaxis brevifolia** Rchb. f. (Oberonia brevifolia Lindl.).

Comoro-Insel Johanna. 1000—1400 m.

Im Bergwald an Baumstämmen. Juni und Aug. 1875. Nr. 1709.

9. **Bulbophyllum (Ptiloglossum) Hildebrandtii**: pseudo-bulbis in rhizomate distantibus semioblongis (compresso pentagonis), siccis rugosis nitidis monophyllis, folio cuneato oblongo obtuse acuto usque bipollicari, dimidium pollicem lato, pedunculo spithamaeo usque pedali, distanter vaginato, apice laxe racemoso, rhachi minutissime puberula, bracteis ovatis acutis ovaria pedicellata puberula subaequantibus, mento angulato mediocri, sepalis triangulo ligulatis, tepalis falcatis uninerviis nunc rectis, labello unguiculato, a basi angusta oblongo, per discum crassum unisulcato, circa marginem lamellis in partitiones filiformes serratas solutis barbato, columnae dentibus lateralibus triangulis, antherae vertice carina rhombea ornato.

Ob omnibus Ptiloglossis distat labelli fabrica. Flores minuti. Sepala 0,05 longa, flavida visa. Forsan paulo evadunt majora, nunc nondum omnino evoluta videntur. Labellum atropurpureum. — Bulbophyllum incurvum Thouarsii saltem accedit.

Beravi: Gebirge. Juli 1879. Nr. 2988 a.

10. **Bulbophyllum megalonyx**: aff. B. cupreo Lindl. pedunculo distanter vaginato, racemo nutante densiusculo, bracteis lato triangulis ovaria pedicellata superantibus, sepalis triangulis, tepalis ligulatis obtusis brevioribus, labello a basi cuneata oblongo retuso emarginato, carinis geminis per discum, columna apice breviter bidentata, ungue valde evoluto, stigmatis fovea in unguem descendente.

Flores sicci pallide flavi illos Bulbophylli cuprei aequantes.

Comoro-Insel Johanna. 1000—1500 m. Auf Baumstämmen im Walde. Juni bis Aug. 1875. Nr. 1707.

11. **Ansellia africana** Lindl. var. nilotica Baker.

Zanzibar Küste. Mombassa. Epiphyt. März. April 1876. Nr. 1952.

12. **Eulophia Petersii** Rchb. f.

Insel Sansibar. Zwischen Sträuchern am Meeresstrand. Oct. 1873. Nr. 1043. — Jan. 1874. In der Nähe der Stadt. Nr. 1043. — Kitui in Ukamba. Unter Gebüschen. März 1877. Nr. 2647.

13. **Eulophia beravensis**: foliis linearibus angustis margine minute undulato crenulatis in caule gracili elato basi vaginis punctatis tecto, pedunculo elongato a basi ad medium vaginis scariosis distantibus, panicula elongata poly-clada, ramulis tenuibus brevibus, floribus illos Eulophiae pulchrae Lindl. sub-aequantibus, sepalis tepalisque ligulato lanceis acutis, labello flabellato antice profunde emarginato, signatura rhombeo marginata callosa in ima basi, calcari conico, anthera apiculata.

Inter Eulophias typus novus, labelli ambitu Eulophiae macrostachyae Lindl. comparabilis calcari organisque vegetationis longissime abhorrens.

Beravi: Dünensandbügel. Im Schatten der Gebüsche. Juli 1879. Nr. 3055.

14. Lissochilus purpuratus Lindl.
Zanzibar Küste: Mombassa. Zwischen Gras. April 1876. Nr. 1951.

15. Lissochilus arenarius Lindl.
Zanzibar Küste: Mombassa. Zwischen Gras und Sträuchern in lehmigem
Boden. März und April 1876. Nr. 1950. 1950 b.

(Lissochilus stylites Rchb. f.
Angola: Malange. Juli bis August 1879. Nr. 203. Nr. 203 a recedit callis
brevioribus, ceterum non differt. v. Mechow.)

16. Lissochilus graniticus: valde affinis Liss. caloptero foliis
pluries latioribus (ad 0,015 latis), lineariligulatis acuminatis elongatis, pedunculo
metrum alto, prope per dimidium racemoso, laxifloro, bracteis triangulo setaceis
ovaria pedicellata inferiora subaequantibus, sepalis ligulato triangulis acutis, tepalis
oblongis acutis multo majoribus, labelli calcari conico acuto retrorso seu ascendente,
laciniis lateralibus humilibus semiovatis antrorsum obtuse auriculatis, lacinia mediana
ab isthmo lato antice subreniformi dilatato auriculata, callo in disco plurisulcato,
granulato, antrorsum in crura excedente.

A Lissochilo caloptero peraffini foliis multo latioribus, calli indole ac labelli
laciniis lateralibus bene recedit.

Abessinien: Habáb 4 — 6000 '. In Gebüschen, auf trocknem Granitboden.
Blüthen gelb. Juli 1872. Nr. 382.

(Lissochilus Mechowii: aff. L. orthoplectro, foliis lineari ligulatis
acuminatis chartaceis (0,015 latis), pedunculo elatiori superne distanter racemoso,
bracteis triangulo setaceis brevissimis, sepalis triangulis abbreviatis, tepalis oblongis
obtusissime acutis maximis, labelli laciniis lateralibus erectis brevibus cum columna
connatis, lacinia mediana oblonga acuta fornicata carinulis granulatis 9—11, calcari
gracili extinctoriiformi lamina mediana libera paulo breviori. Flores flavi illis
Lissochili orthoplectri aequimagni.

Angola: Malange: v. Mechow. Aug. 1879. Nr. 264.)

(Lissochilus Renschianus: foliis papyraceis cuneato oblongis
acuminatis (0,36: medio 0,06), pedunculo elongato racemoso supra basin uniramo,
laxifloro, bracteis triangulis acuminatis seu acutis ovaria pedicellata dimidia seu
tertia aequantibus, sepalis cuneato ligulatis acutis, tepalis rhombeis acutis utrinque
obtusangulis multo latioribus, aequilongis, labelli laciniis lateralibus ligulatis obtusis erectiusculis, lacinia mediana subrhombea ligulata acuta utrinque ante apicem
obtusangula, carina crassa per lineam mediam, antice evanescente, calcari gracili
lacinia mediana plus duplo breviori.

Ab affini Lissochilo Paivaeano recedit foliis latioribus, bracteis angustioribus,
labelli circumscriptione, laciniis lateralibus angustis.

10*

Cl. Rensch de peregrinatoribus quibusdam botanicisque meritissimo grato animo dicatus.

Angola: Pungo Andongo. Januar—April 1879. v. Mechow. Nr. 138.)

17. **Lissochilus calopterus** Rchb. f.

Bagamojo auf Grasflächen zerstreut. Mai 1874. Nr. 1044 b. Insel Sansibar. Auf feuchten Krautwiesen. Nov. 1873. Nr. 1044.

18. **Lissochilus Wakefieldii** Sp. Moore et Rchb. f.

Sansibar-Küste. Mombassa. Zwischen Gras, nahe am Meere. April 1876. Nr. 1044 (serius editus.) Sansibarküste. Mombassa. März, April 1876. Nr. 1951 b. Sansibarküste. Mombassa. Zwischen Gras nahe am Meere. April 1876. Nr. 1044 c. Buityúma in Taita. Juli 1877. Nr. . . . .

(**Polystachya dendrobiiflora**: pseudobulbis fusiformibus, pedunculo elongato, inferne vaginis longe lanceo liberis, sursum paniculato, racemorum axibus brevissimis ex axillis vaginarum superiorum 3 — 5 floris, floribus hysterochronicis, mento obtuso, sepalis ligulatis acutis, tepalis paulo angustioribus, labello obtusangulo rhombeo, disco furfuraceo, columna juxta foveam utrinque angulata. Flores illis Dendrobii barbatuli magnitudine aequales.)

19. **Polystachya rufinula** Rchb. f. in Gardeners Chronicle 1879. I. p. 41. (Jan. 11): pseudobulbo cylindraceo pyriformi (0 m , 05 longo), foliis oblongoligulatis obtusis seu obtuse acutis hinc inaequalibus, racemo cylindraceo pauci- —plurifloro, bracteis triangulis apice setaceis ovaria parcissime pilosula longa nunc aequantibus, sepalo impari oblongo obtuse acuto, sepalis paribus inaequaliter triangulis in mentum conico obtusum extensis, tepalis linearibus acutis, labello brevissime unguiculato basi subcordato dilatato antice trifido, laciniis lateralibus lineari triangulis obtusis angustis, lacinia media producta emarginata, crispula, callo per mediam lineam a basi ante basin laciniae mediae furfuraceo (ex pilis secedentibus in cellulas), circumferentia etiam furfuracea. — Sepala atropurpureo brunnea. Tepala laete purpurea, seu flava superne brunneo picta, uti pagina interna sepalorum. Labellum basi sulphureum, per lacinias liberas roseum. Columna alba, ima basi aurantiaca.

Zuerst erhielt ich diese Art als von Sansibar kommend, von meinem werthen Correspondenten, Captain Hincks, Breckenborough, Thirsk, Yorkshire. Dann blühte sie, von Dr. Kirk in Sansibar gesendet, in Kew Gardens. Später empfing ich sie von Herrn Professor Magnus, als eine von Hildebrandt in den Botanischen Garten zu Berlin gesandte Pflanze.

20. **Acampe pachyglossa**: caule valido megarrhizo, foliis ligulatis apice inaequaliter bilobis, 0,22 longis, basi latiori 0,03 latis, paniculis inaequalibus, sepalis tepalisque cuneato oblongoligulatis obtuse acutis, labelli calcari conico parvo, laciniis lateralibus humillimis semioblongis antice angulatis, lacinia media

quadrata, carinulis geminis in disco, carina humili ante orificium calcaris, superficie asperula.

Flores illis Acampis dentatae Lindl. submajores.

Sansibar-Küste. Festland bei Mombassa. Epiphyt. März 1876. Nr. 1991.

21. **Acampe Renschiana** l. Sp.: aff. Acampi pachyglossae Rchb. f. foliis brevioribus lineari ligulatis, valde oblique bilobis (m 0,13—0,15 longis, 0,02 latis), pedunculis abbreviatis (0,08—0,12 longis), plurifloris, rarius ramo uno alterove, sepalis tepalisque cuneato oblongis obtusis, labelli calcari brevissimo angulato, laciniis lateralibus semiovatis, antice supra laciniam medianam transcendentibus, intus pilosis, lacinia mediana ovata apiculata crenulata, asperula, carina angulata pilosa in linea mediana inter lacinias laterales, papulis geminis in basi laciniae medianae.

Cl. C. Rensch, de nobis meritissimo cura vere optima rerum Hildebrandtianarum dicata.

Nosi-bé. N. W. Madagascar. April 1880. Nr. 3392.

22. **Angraecum Scottianum** Rchb. f. in Gardeners Chronicle 1878. II. 556. (Nov. 2). nova sectio foliis teretiusculis superne canaliculatis bicarinulatis subulatis (ad 0 m, 09 longis, o m, 003 latis), pedunculo unifloro (semper?), sepalis tepalisque subaequalibus ligulatis acutis (0 m, 092 longis, 0 m, 003 latis), labello transverso rotundulo cum apiculo (0 m, 025 lato, 0 m, 02 longo), calcari a basi ampliori filiformi acuminato flexo (0 m, 09 longo), columna minuta crassa, rostello producto subquadrato medio fisso.

Zuerst erhielt ich diese merkwürdige Pflanze von Herrn R. Scott, Cleveland, Walthamstow, Essex. Er gab an, sie stamme von den Comoren. Alsdann sendete mir sie Herr Garteninspector Bouché mit der Angabe, sie komme von den Comoren und wäre von Herrn Hildebrandt eingesendet. Später erhielt ich sie ein paar Male von den Herren Veitch, Royal Exotic Nursery, Chelsea, London S. W. Mir ist es höchst wahrscheinlich, dass Hildebrandt der Entdecker ist, und dass derselbe irgend einem Engländer ein paar Exemplare verehrt hat.

23. **Angraecum physophorum**: aphyllum anthesi, subacaule, radicibus adventitiis depressis ligulatis fasciatis undulatis, 0,005 latis, pedunculis aggregatis 0,03 longis, plurifloris usque basin versus, flexuosis, bracteis minutis, pedicellos ovariorum longe non aequantibus, sepalis tepalisque oblongotriangulis obtusis, labelli laciniis lateralibus obtusangulis, lacinia media lineari porrecta, calcari a basi ampliuscula attenuato apice vesicato, ovarium pedicellatum subaequante.

Flores quam in Angraeco aphyllo P. Th. paulo majores.

Nosi-Komba Dec. 1879. Nr. 3255.

24. **Angraecum aphyllum** P. Thouars.

Nosi-Komba. Auf Bäumen am Seestrande. Dec. 1879. Nr. 3256.

25. **Angraecum Brongniartianum** Rchb. f.
Madagascar: Insel Nosi-bé (Ankia-be). Mai 1879. Hildebrandt. Nr. 2990.
Comoro-Insel Johanna. An Baumstämmen 100—800 m. Juni bis Aug. 1875.
Nr. 1704.

26. **Angraecum bilobum** Lindl. (apiculatum Hook).
Sansibarküste: Uferwälder des Kingani, an verschiedenen Sträuchern epiphyt.
Mai 1874. Nr. 1286.

Unser Botanischer Garten zu Hamburg empfing eine Pflanze Hildebrandts,
welche zuerst durch Kleinheit und Schlankheit vor der bisher bekannten, west-
afrikanischen Form von Cape Coast Castle sich auszeichnete, allein ihr bei weiterer
Entwicklung immer ähnlicher wurde. — 1875 blühte sie zuerst.

27. **Angraecum Hildebrandtii** Rchb. f. in Gardeners Chronicle
1878. II. 725 (June 6): foliis ligulatis ovatis apice inaequaliter bilobis, altero lobo
extenso obtuso (0 m, 05 longis, 0 m, 016 latis), racemo gracili minutifloro laxifloro
(0 m, 5 longo), bracteis minutis, sepalis tepalisque ligulatis obtusis, labello oblongo
obtuse acuto, calcari filiformi, ovarium pedicellatum non aequante, clavato. Flores
flavo aurantiaci.

Auf den Comoren von Hildebrandt entdeckt und lebend an den Botanischen
Garten zu Berlin eingesendet. Ich erhielt es von da durch Herrn Vatke.

28. **Aëranthus Guyonianus** Rchb. f. Maruéssa (Wasserplatz in
der Wildniss zwischen Duruma und Teita). Jan. 1877. Nr. 2374.

29. **Aërangis Kotschyi** (Angraecum Kotschyi Rchb. f.)
Sansibar Küste: Mombassa. März, April 1876. Nr. 1952 b.

30. **Listrostachys Sedeni** Rchb. f.
Tchamtéi in Duruma. Juli 1877. Nr. 2049.

VII. Novitiae Orchidaceae Warmingianae.

Herr Dr. Eugen Warming hat während eines längeren Aufenthalts zu Lagoa
Santa Provinz Minas (Juli 1863 bis April 1866) in Brasilien ein sehr reiches Herbarium
eingetragen, worunter auch Orchideen. Derselbe hat mir diese anvertraut und beab-
sichtigten wir eine gemeinschaftliche Veröffentlichung. Die höchst eigenthümlichen
gegenwärtigen Verhältnisse der brasilianischen Orchideenkunde lassen indessen eine
sofortige Veröffentlichung der als neu erkannten, entweder gar nicht, oder in
unerkennbaren Beschreibungen veröffentlichten Arten wünschenswerth erscheinen.
Auf die Fundorte und allerhand Specielles über die Vorlagen und die brasilianische
Orchideenkunde wird an einer andern Stelle zurückgekommen werden.

Habenaria epiphylla Rchb. f. Warm.: aff. Hab. simillimae Rchb. f. foliis 3—4 humistratis approximatis subrosulatis cuneato ovalibus apice brevissime apiculatis, caule gracili, vaginis distantibus 3—4 apice foliaceis, racemo laxiusculo, bracteis lanceis acuminatis ovaria inferiora superantibus, sepalo impari ovali apiculato, sepalis paribus oblongoligulatis apiculatis curvatis, tepalis semisemilunatis acutis dente parvo deorsum spectante, in ima basi extrorso, labello tripartito partitionibus linearibus, lateralibus divaricatis, calcari filiformi ovarium subaequante, cruribus stigmaticis abbreviatis crassis linguaeformibus.

Habenaria pseudostylites Rchb. f. Warm.: aff. H. seticaudae Lindl. usque tripedalis foliis numerosis (14—16) plurimis appressis vaginantibus, 4—6 in laminas breves ligulatotriangulas acutas suberectas exeuntibus, racemo plurifloro, bracteis oblongis acutis ovaria pedicellata subaequantibus, sepalo impari fornicato cassideo elliptico apiculato, sepalis paribus oblongis apiculatis curvulis, tepalis linearibus, basi utraque minute angulatis angulo exteriori prope cranido, labello lineari ligulato apice nunc trilobulo seu bilobulo, nunc simpliciter obtuso, calcari filiformi ovarium pedicellatum superante, antherae canalibus longe productis styliformibus, cruribus stigmaticis minutis obtusatis. Iam lecta a cl. Burchell et Gardner. Hab. seticauda tepalis apice hamatis recedit.

Habenaria Vaupellii Rchb. f. Warm.: habitu H. flexuosae, inflorescentia H. Sartoris Lindl., tepalorum lacinia externa late triangula, labelli partitionibus valde difformibus, partitione mediana lineari ligulata acuta, partitionibus lateralibus lineari subulatis.

Metrum prope alta, valida. Folia bene evoluta 6, ligulato lancea acuminata, basi m 0,02 lata, ad m 0,19 longa. Folia superiora in bracteas abeuntia. Racemus prima anthesi pyramidalis, pulcher. Bracteae oblongae acutae ovaria pedicellata subaequantes, ad 0,06 longae, 0,02 latae. Sepalum impar oblongum acutum fornicatum. Sepala lateralia ligulato acuminata obliqua. Tepala supra basin bipartita partitione exteriori late triangula, interna lineari filiformi longiori. Labellum more affinium specierum supra basin linearem tripartitum, partitionibus lateralibus lineari subulatis longioribus, partitione mediana linearriligulata acuta breviori. Crura stigmatica dilatata retusa optime producta. Rostellum antrorsum de anthera liberum apice bi= tridentato cucullatum.

En egregiam plantam pulcherrimam.

Habenaria culicina Rchb. f. Warm.: aphylla, caule ultra spithamaeo vaginis arctis acutis approximatis prope tecto, racemo plurifloro, bracteis ovatis acuminato subulatis, ovariis subaequalibus, sepalo impari semielliptico obtuso, sepalis lateralibus triangulis curvatis, tepalis triangulis sepalis subbrevioribus partitione tamen antica setacea longe producta, labello tripartito partitione mediana lineari obtusa, partitionibus lateralibus setaceis divaricatis longissimis, calcari filiformi obtuso ovario pedicellato acquilongo. Flores viridiusculi. **Habenaria crucifera** Rchb. f. Warm.: aff. H. nudae Lindl. caule gracilento prope bipedalis, foliis a basi ad basin inflorescentiae ad 9, duobns evolutis in laminas lineari setaceo acuminatis, ternis vaginis in subulas excuntibus sub inflorescentia, racemo denso cylindraceo, bracteis ovatis abrupte acuminatis ovaria subaequantibus, sepalo impari elliptico obtusiusculo, sepalis paribus triangulis subcurvulis, tepalis triangulis cum denticulo uno in basi interna, nunc minuto, nunc tertiam alterius partis attingente, labello tripartito, partitionibus lateralibus setaceis divaricatis, partitione mediana linearilancea, calcari clavato obtuso ovario pedicellato breviori, cruribus stigmaticis crassis brevibus. Sepala m 0,007 longa.

Habenaria Leprieurii Rchb. f. Linnaea XIX 376: caule rigido, tenui, foliis distantibus vagina angusta, lamina linearisetacea angustissima, racemo secundo seu subspirali, laxifloro, bracteis triangulo setaceis ovaria subaequantibus, sepalo impari ovali triangulo brevi, sepalis lateralibus triangulis, tepalis bipartitis, partitione postica triangula, antica teneriori, labello tripartito, partitionibus lateralibus lineari triangulis divaricatis partitione mediana latiori lineari triangula, calcari filiformi apice clavato ovarium subaequante, cruribus stigmaticis obtusatis breviter porrectis.

Forsan species inter Habenarias maxime polymorpha. Occurrit tepalis integris, bidentatis dente antico angusto breviori (ita in sp. Warmingianis). Specimina ad manus ipsius cl. Leprieur, quae tepalorum partitiones subaequales offerunt. Omnia specimina sicca plus minus nigrita evadere.

Habenaria Warmingii Rchb. f.: aff. H. nudae Lindl.! recedens foliis multo magis evolutis, antennis quaternis multo longioribus, canalibus autherae gracilibus porrectis, calcari apice valde clavato emarginato.

Bipedalis. Vaginae infimae nigritae. Organa foliacea in caule undecim, quorum duo bene folia linearisetacea ad m 0,054 longa, superiora 5 in bracteas decrescentia, inferiora omnia verae vaginae arcte appressae. Racemus pluriflorus (12) subspiralis. Bracteae lanceo aristatae ovaria aequantes seu subsuperantes. Sepalum impar latum ellipticum apiculatum, septemnervium. Sepala paria triangula subcurvula trinervia. Tepala bipartita partitione externa triangula binervi, interna setacea bene longiori. Labellum tripartitum. Partitiones laterales setaceae elongatae, partitio mediana linearis brevior. Calcar filiformi clavatum, antrorsum, valde ampliatum, apice emarginatum. Antherae loculi in canales longos extensi. Crura stigmatica bene evoluta.

Habenaria nasuta Rchb. f. Warm.: aff. H. nudae Lindl. caule bene foliato, foliis linearilanceis acuminatis evolutis ad 5, racemo laxifloro, bracteis triangulis acuminatosetaceis, sepalo impari triangulo cassideo apiculato, sepalis parib. triangulis, tepalis bipartitis, partitione externa falcata, interiore subulata multo longiori, labello tripartito, partitione mediana lineari brevi partitionibus lateralibus divaricatis subulatis, calcari filiformi apice incrassato ovario pedicellato subbreviori, cruribus stigmaticis linguiformibus obtusis. — Labellum cum calcari, tepalorum pars aristata alba, reliqua viridia.

Habenaria Spiranthes Rchb. f. Warm.: aff. H. nudae Lindl. pedalis et altior, firma, foliis 8—11, folio uno seu foliis duobus seu tribus lamina lineari setacea praeditis, vaginis imis nigris nigrove maculatis, racemo plurifloro, spirali seu toto secundo, bracteis oblongis acuminatis ovaria pedicellata subaequantibus, sepalo impari triangulo acuminato fornicato 0 m, 006 longo, sepalis lateralibus triangulis unguiculatis curvatis, tepalorum lacinia externa triangula, interna lineari subulata longiori, labelli lacinia mediana lineari, laciniis lateralibus setaceis subaequalibus nunc multo longioribus, calcari filiformi clavato ovario pedicellato subbreviori, cruribus stigmaticis ligulatis retusis.

Habenaria anaplectron Rchb. f. Warm.: aff. Hab. Michauxii Nutt. usque ultra bipedalis, foliis usque 17, 4—5 inferioribus vaginis, ex 10—12 superioribus 8 bene foliato evolutis, laminis ellipticis, 2, elliptico oblongis, 2 elliptico lanceolatis, in bracteas abeuntibus superioribus, racemo elongato, multifloro sublaxifloro, bracteis cuneato triangulis acutis, ovaria pedicellata infima subaequantibus, · sepalo impari fornicato elliptico apiculato dorso non carinato, sepalis paribus curvato semioblongis apiculatis, tepalis bipartitis, lacinia utraque falcata, interna longiori, angustiori, labello tripartito, partitionibus subaequalibus, ligulatis acutis et saepius apice incurvis, calcari filiformi a medio clavato incrassato, cruribus stigmaticis elongatis acutiusculis (cl. Warming).

Flores ex icone Warmingiana saturate virides labello, tepalorum partitione antica pallide alboflavis.

Obs. Habenaria estrellensis Rchb. f. mihi copia speciminum inspecta melius videtur consideranda: secunda Lindl. var. estrellensis Rchb. f. ovario aptero, tepalorum laciniis aequalibus.

Pogonia (Cleistes) Mantiqueirae Rchb. f. Warm.: aff. P. montanae, caule plurifolio, usque ultra bipedali, nunc vix spithamaeo, foliis oblongo-lanceolatis acuminatis pulchre decurrentibus, foliis evolutis superioribus ad quinque floriferis, floribus hysterochronicis, foliis 2—3 sterilibus, ovario pedicellato bracteae aequali, longiori, breviori, sepalis oblongoligulatis, tepalis subbrevioribus latioribus, labelli laciniis lateralibus angustis longis antrorsum acutis, lacinia mediana lato unguiculata antrorsum rhombea denticulata, papulis acutis triseriatis in lacinia antica, (lamellis serrulatis 3 per discum?), papula utrinque in basi, androclinii limbo laterali lacero. Cleistes Mantiqueirae Rchb. f. Warm.

Caulis usque in 0,55, altus. Folium maximum 0,1 longum, basi 0,025 latum. Flos ad 0,044 longus.

Pogonia (Cleistes) bella Rchb. f. Warm.: magna, speciosa, ultra bipedalis, caule valido, nunc paulo fractiflexo, foliis ac bracteis ad undecim, foliis decurrentibus oblongeovatis acutis dorso bene carinatis (ad m, 13 longis, medio ampliatis 0,045), racemo usque quinquefloro; bracteis decrescentibus semper ovaria pedicellata excedentibus, sepalis ligulato lanceolatis sensim acuminatis (m 0,11 longis, 0,01 latis), tepalis subbrevioribus, sublatioribus, obtusioribus, labello antice trifido laciniis lateralibus oblongis antice angulatis, lacinia media cuneata oblonga antice crenulato undulata, subrhombea, callis globosis geminis in basi, regione mediana incrassata, antice in carinas apice multiserratas soluta, androclinii limbis lateralibus humiliter denticulatis. Cleistes bella Rchb. f. Wg.

Pogonia (Cleistes) caloptera Rchb. f. Warm.: gracilis, elata, foliis paucis oblongoligulatis paulisper decurrentibus ad 3, racemo unifloro (semper?), bractea ligulata ovarium pedicellatum excedente, sepalis lineari ligulatis, acutis, tepalis latioribus, obtusioribus, brevioribus, labello ligulato antice obscure trilobo, lobis lateralibus rotundatis, lobo mediano porrecto semioblongoligulato crenulato obtuso, disco calloso incrassato, sulcato, antrorsum attenuato in laciniae mediae carinam unicam excurrente, callis rotundis stipitatis geminis a basi, androclinii lacinia postica porrecta serrulata, laciniis lateralibus porrectis serrulatis brevioribus. Cleistes caloptera Rchb. f. Wg.

Pogonia pusilla Rchb. f. Warm.: caule erecto unifloro, ovarii summa parte a vagina libera, flore erecto clauso, curvulo, sepalo impari lineari acuto, sepalis paribus lanceis acuminatis, tepalis subbrevioribus, labello a cuneata basi dilatato trifido, laciniis lateralibus rotundatis, lacinia mediana subrhombea lobulata. (Ad iconem.)

Pogoniopsis N. Gen. aphyllum, habitu Monotropae. Sepala lineari-ligulata curva. Tepala subaequalia. Omnia conniventia. Labellum ima basi saccatum lineare antrorsum dilatatum, ambitu quidem triangulum, in lacinias plures lineares bipectinato solutum, antice rhombeum, callosum. Columna crassiuscula, trigona utrinque juxta foveam quadrato porrecta. Androclinium erectum, vertice apice retusum erosum. Anthera immersa, vertice emarginata. — Radix fasciculata. Caulis crassiusculus m 0,11 altus superne densius, inferne distanter vaginatus. Racemus densiusculus. Bracteae oblongoligulatae limbo ciliato serratae, basi sagittatae cruribus laceris. Labellum ciliatulum lineis velutinis ternis per longitudinem. Pollinia ex icone cl. Warming duo tantum inferne longitudinaliter foveata visa. Affinis Pogoniae.

Pogoniopsis nidus avis. —

Physurus arietinus Rchb. f. Warm.: e grege Physuri Preslei Lindl. foliis breve petiolatis oblongo lanceolatis paucis congestis, pedunculo longe exserto distanter breve vaginato puberulo, racemo elongato, bracteis lanceis puberulis ovaria vix aequantibus, sepalis puberulis linearibus acutis, tepalis subaequalibus, calvis, labello ligulato apice rotundato cum apiculo, utrinque iu laciniam divergentem linearem obtusam tortam expanso, disco antice velutino, columnae laciniis rostellaribus semifalcatis.

(Physurus hylibates Rchb. f. ascendens, foliis brevipetiolatis ovatis acutis, rhachi, bracteis, ovariis, sepalis extus pilosulis, racemo secundo, bracteis ligulatis acutis, ovaria pedicellata subaequantibus, sepalis ligulatis acutis, tepalis falcatis, labello oblongo, ante apicem utrinque constricto, hinc trilobo, lobis lateralibus semioblongis, lobo antico transverso cum apiculo, calcari cylindraceo acuto. Corcovado Luschnath! Rio Janeiro Riedel!)

(Acraea Widgreni Rchb. f.: exsiccata nigricans, caule stricto usque bipedali, foliis arrectis usque prope apicem, vaginantibus acuminatis, spica cylindracea densiflora, rhachi inflorescentiae ac parte caulis a folio summo libera puberulis, bracteis lanceosetaceis flores extus puberulos excedentibus, sepalo impari elliptico retusiusculo subacuto, sepalis lateralibus falcatotriangulis bene minoribus, tepalis linearibus semilunatis obtusis, more generis sepalo impari agglutinatis, labelli lamina ante unguem brevem rhombea, disco papillosa, rostello semilunari cum apiculo in medio. „Rio Janeiro?" Widgren. [comm. amiciss. T. Fries].)

(Cranichis similis Rchb. f.: foliis radicalibus 2—3 a basi petiolari ellipticis acutis, pedunculo multo longiori, vaginis arctis distanter vaginato, sub rhachide inflorescentiae pilosa piloso, deorsum calvo, racemo subdenso plurifloro, ovariis pedicellatis inferioribus prope horizontalibus, bracteis linearilanceis ovaria pedicellata prope aequantibus, sepalis cuneato oblongis obtusis univeniis, paribus subobliquis, tepalis spatulatis obtusis, labello subpandurato obtuso naviculari, basi nunc obtusangulo humerato, nunc subsagittato, lateribus hinc minute sinuato (an utrinque ante basin plica longitudinali?)

Ab affini Cranichide muscosa Sw. bene recedit foliis amplioribus non acutatis, vaginis arctis nec ostio foliaceo ampliatis, rhachi ac portione sub rhachi pilosa nec calva ac labelli natura. Ceterum bene similis.

Caldas Nr. 1710. Mosén.)

Pelexia acianthiformis Rchb. f. Warm.: gracilis, spithamaea, anthesi verosimiliter aphylla, vaginis in caule apice et inter inflorescentiam glandipilibus arctiusculis (ad 7), racemo laxo 5—6 floro, bracteis linearilanceis acuminatis ovaria pedicellata glandipilia nunc superantibus, sepalis lanceis, lateralibus in saccum obtusiusculo conicum ovario summo adnatum extensis, tepalis sepalo impari agglutinatis ligulatis acutis latere externo semiovato dilatatis, labello unguiculato obtusangulo rhombeo.

Stenorrhynchus australis Ld. **luteoalbus**: caule vaginisque, ovariis pedicellatis imaque basi perigonii viridibus, sepalis tepalisque sulphureo ochraceis, labello ac parte externa sepalorum parium albis, pube quam in communi planta cinnabarinis floribus pollente bene breviori.

(Nonnisi icone accurata cl. F. Warming notus.)

Spiranthes bicolor Lindl. **chloroglossa**: labello toto viridi.

Spiranthes Warmingii Rchb. f. Warm.: e grege Spiranthidis elatae Rich. tenerrima, foliis petiolatis lanceolatis angustis (m 0,05 : 0.01), pedunculo gracillimo (m 0,32), vaginato, vaginis distantibus arctis, superioribus acuminatis, basin usque tenuissime pilosulo, racemo brevi densiusculo, paucifloro, parvifloro, bracteis lanceis ovaria parcissime villosa non aequantibus, mento brevissimo, sepalis linearibus retusis versus labellum obtusangulis, labello supra unguem brevissimum immediate dilatato, oblongoligulato obtusangulo ante isthmum brevem, apice obsolete obcordato. Cl. Warming dicata.

Spiranthes Eugenii Rchb. f. Warm.: ex aff. Sp. elatae Rich. foliis breve petiolatis oblongis acutis (lamina 0,06 : 0,03), pedunculo gracili ac inflorescentia Sp. Warmingii, bracteis tamen longioribus, sepalis basi supra ovarium magis buccosis, labello latiori basi non rotundato sed obtusangulo sagittato ac corniculis melius evolutis. Cl. Eugenio Warming dicata.

Spiranthes balanophorostachya Rchb. f. Warm.: ex aff. Sp. rupestris Lindl. labello multum recedens, m 0.35 alta, valida, foliis amplis appressis oblongis erectis sensim in bracteas abeuntibus, racemo densissimo, bracteis semilanceis perigonia dimidia attingentibus, vel aequantibus, ovariis sepalisque parce glandipilibus, sepalis ligulatis obtusis, tepalis lanceis obtusis basi versus labellum obtusangulis, labello ab ungue lato ovato antice semilanceo obtuso lateribus implicito, corniculis in basi pulchre evolutis, arcis pilosulis antepositis.

Spiranthes homalogastra Rchb. f. Warm.: aff. Sp. ochraceae A. Rich. Gal., anthesi aphylla pedunculo ultra spithamaeo dense vaginato, vaginis (ad 11!) brevibus, inferioribus retusiusculis, superioribus nunc apice aequaliter retusiusculis, recurvulis, nunc semilanceis, pedunculo inter vaginas infimas calvo, sursum cum bracteis ac ovariis villoso, bracteis ovaria subaequantibus lanceis, floribus rectis, sc. labello versus axin verso, sepalis lanceis, parcissime pilosulis, tepalis a tenui angusta basi ampliatis, hinc spatulatis acutis sepalum prope superantibus, labello oblongoligulato basi sagittato, dein oblongo disco pilosulo, ante isthmum medianum oblongo crenulato apiculato.

Spiranthes acutata Rchb. f. Warm.: ex aff. Sp. pictae Lindl. labello diversissima, foliis longissime cuneatis oblongoligulatis breve acutis, 0,4 longis, (ante apicem 0.055 latis), racemo densiusculo elongato, rhachi cum bracteis, ovariis sepalisque pilosa, bracteis lanceis acuminatis ovaria aequantibus superantibusve, sepalis lanceis acutis curvatis, tepalis spatulatis acutis, labello longissime sagittato, cruribus linearifiliformibus, lamina a basi angustiore dilatata apice obtusiuscula retusa abrupta cuspidata arcis velutinis parvis geminis collateralibus ante basin.

Spiranthes neuroptera Rchb. f. Warm.: gracilis ultra pedalis, Prasophyllorum quorundam facie, foliis linearibus (?) anthesi emarcidis, rhachi prope omni plus minus glandipili, vaginis ampliatis acuminatis distantibus paucis, racemo paucifloro, bracteis ovato acuminatis ovaria pedicellata aequantibus, sepalo impari galeato attenuato oblongo, sepalis paribus a basi latiori linearilanceis, tepalis lato lineariligulatis productis nervo utrinque ramuloso, labello basi pulchre sagittato obtusangulo rhombeo apice constricto in apiculum parvum rhombeum, androclinii cruribus lateralibus angulatis.

Spiranthes sagittata Rchb. f. Warm.: humilis, vix 0 m, 15 alta, usque spithamaea, vultu Spiranthidis trilineatae Lindl., (foliis?, anthesi nullis), pedunculo gracili summo apice ac inter flores parce ac minute glandipili, vaginis ad 7, superioribus acuminatis, racemo paucifloro congesto (2—4 floro, saepius subsecundo?), bracteis linearilanceis ovaria pedicellata subvelutina paulo superantibus, sepalo impari triangulo ligulato fornicato, sepalis lateralibus triangulo ligulatis, longe fissis decurrentibus, tepalis linearibus obtuse acutis, labello lineari medio dilatato utrinque obtusangulo, apice retuso, cruribus linearisetaceis curvulis utrinque in basi, disco anteriori scabro.

Obs. Vaginae in siccis speciminibus amplae apparent, forsan ob pedunculum siccando constrictum.

Spiranthes sancta Rchb. f. Warm.: folio petiolato basi subcordato oblongo acuto latiusculo, pedunculo vix spithamaeo vaginis ampliusculis acutis inter rhachin pilosulam vestito, racemo densiusculo rhachi valde velutina, bracteis lanceis acuminatis ovaria pedicellata velutina subaequantibus, sepalis ligulato oblongis acutis, lateralibus in ovario basin usque obscure nec gutturoso decurrentibus, labello ligulato pandurato calvo, apice subcordiformi, obtuse acuto reflexo, basi crasse brevique sagittato.

Valde affinis Spiranthidi (Sarcoglottidi) novofriburgensi Rchb. f., quae labelli fabrica bene recedit.

Spiranthes cuculligera Rchb. f. Warm.: aff. Sp. novofriburgensi folio cuneato oblongo acuminato, vix dubie anno (?) ante anthesin evoluto, pedunculo ultra spithamaeo, sub inflorescentia paulo glandipili, ceterum calvo, racemo laxiusculo, bracteis amplis oblongis acutis ovaria pedicellata velutina superantibus, sepalis ligulatis acutis, lateralibus in cuniculum supra basin abruptum excurrentibus, tepalis spatulatis apiculatis, labello lineari pandurato basi brevi sagittato, apice cordiformi, reflexo, ante basin velutino.

Spiranthes orthosepala Rchb. f. Warm.: aff. Sp. Arrabidae (Stenorrhyncho olim) Rchb. f. ultra bipedalis, subgracilis, caule sursum puberulo, infra nudo, vaginis argutis apice producto lanceis acuminatis, in caule ad 7, racemo plurifloro, sublaxifloro, bracteis linearisetaceis plurinerviis flores non

aequantibus, sepalo impari lanceo acuminato fornicato, sepalis lateralibus linearibus
acutis porrectis strictis, longioribus, gutture in ovario superiori obtuso conico,
ovariis pedicellatis cum sepalis breve hispidis, tepalis cuneatooblongolanceolatis
obtuse acutis, labello bene unguiculato ungue lineari, lamina subquadrata obtusangula subquadriloba retusiuscula lamina postica basi sagittata, lineari canaliculata in basin imam partis anticae excurrente, callis sagittae cruribus adnatis.

Spiranthes bonariensis b. bombylifera Rchb. f. Warm.:
omnibus partibus major, gutture magis evoluto, labelli isthmo arctius conciso.

Spiranthes oestrifera Rchb. f. Warm.: aff. Spiranthidi hirtae Lindl.
pedunculo toto villoso, superne villosissimo, vaginis distantibus acuminatis, racemo
densiusculo, bracteis linearilanceis parcissime villosis, flores non aequantibus,
ovario pedicellato cum sepalis ac gutture densissime villoso, sepalis cuneato lánceis
acutis, lateralibus in guttur semiovatum obtusum ovarii parti superiori adhaer-
ens extensis, tepalis cuneatoligulatis retusis, labello a basi angusta oblongo
antice angustato retuso obtusangulo emarginato, disco incrassato, callis in basi
brevibus adnatis.

Spiranthes pterygantha Rchb. f. Warm.: ex affinitate Spiranthidis
hirtae Lindl. foliis longipetiolatis lanceolatis, pedunculo sursum villoso pluri-
vaginato vaginis acutis seu acuminatis, racemo multifloro, bracteis linearilanceis
acuminatis, plurinerviis, flores superantibus, ovariis, sepalis ac gutture villosis, sepalis
cuneatolanceis acutis, lateralibus in guttur sacciforme subsphaericum ovarii parti
superiori insidens extensis, tepalis lanceo rhombeis, labello basi dilatato, cornubus
adnatis, dein cuneato pandurato acuto.

(Oncidium (Trisepala macrotepala) fuscans Rchb. f. Mss.
in Herb. Berol. 1860: pseudobulbo oblongo parvo, foliis 2—3 cuneato lanceolatis
acutis rigidis brevibus, racemo (nunc panicula oligoclada) laxiusculo, sepalis cuneato
lanceolatis acutis, tepalis multo latoribus oblongis, labello a cuneata basi dilatato
trifido, laciniis lateralibus obtusangulis parvis, lacinia antica ab isthmo subnullo
transversa elliptica antice emarginata, carinis velutinis angulatis geminis in basi,
ternis majoribus antepositis, columnae alis dolabriformibus magnis, tabula infra-
stigmatica obtusangula.

Brasilia: Serra de Mueda Sellow! Minas Geraës Serra de Caracol. Mosen!)

Oncidium (Pentasepala Macrotepala) Warmingii

Rchb. f.: pseudobulbis oblongis parvis diphyllis, foliis ligulatis attenuatis parvulis,
pedunculo longe exserto apice paniculato, ramis arrectis fractiflexis, floribus illis
Oncidii Blanchetii Rchb. f. aequimagnis, bracteis triangulis minutis, quam ovaria
pedicellata multo brevioribus, sepalis ligulatis acutis, lateralibus subfalcatis, tepalis
oblongis, paulo undulatis, labelli trifidi laciniis basilaribus semioblongis denticulatis,
lacinia media a cuneata basi cordata transverse reniformi antice medio emarginata,

callo lobulato in basi, antepositis dactylis 5 filiformibus, columnae alis dolabriformibus. Videtur esse caulescens uti Oncidium flexuosum Sims. Folium unum
evolutum sub pseudobulbo.

(Oncidium (Disepala Macrotepala) Brunleesianum
Rchb. f. Mss.: pseudobulbis lineariligulatis diphyllis, foliis oblongoligulatis acutis,
panicula effusa, sepalo impari cuneato ligulato obtusissime acuto, sepalis paribus
connatis laminam oblongam apice emarginatam obtusangulo bilobam efficientibus,
tepalis latioribus oblongis, labello cuneato dilatato antice trifido, laciniis lateralibus
obtusangulo semirhombeis. lacinia antica cordata transversa obtusa, carinis geminis
in basi, papula ac nectare interpositis, papulis geminis antepositis, columnae alis
quadratis, apiculo postice supra androclinium, columnae basi ac anthera tomentella.
Sepala citrina maculis paucissimis brunneis seu nullis. Tepala citrina antice
macula brunnea magna lateribus multiangulata. Labellum croceum, lacinia antica
tota purpurea ac striis purpureis quibusdam parallelis transversis per discum. Alae
columnae retusae antice linea purpurea ac maculae paucae in columna rubrae. Ex
Brasilia imp. dom. Brunlees Londinensis.)

Rodriguezia brachytstachys Rchb. f. Warm.: pseudobulbo ligulato
costato monophyllo, folio cuneatoligulato obtuse acuto, pedunculo bifloro, bracteis
lanceo aristatis ovaria pedicellata aequantibus, sepalo impari cuneato ovato acuto
fornicato, sepalis paribus subaequalibus apice bidentatis, ceterum connatis, tepalis
cuneato ovatis acutis sublatioribus, labello cuneato flabellato per unguem elongatum
bicarinato basi utrinque minute muriculato, apice rhombeo flabellato, emarginato
bifido, columnae ligulis supremis lanceis, inferioribus longioribus lineariligulatis
obtuse acutis, anthera mitrata maxima, columna antice velutina. Sepala olivacea.
Tepala pallidiora maculis atropurpureis. Labellum sordide album punctis per
lineam mediam purpureis.

Warmingia Rchb. f.: N. gen. Rodrigueziam inter et Macradeniam
labello basi inferiori exumbonato, columna brevi antrorsum utrinque brachio
falcato obtuso, rostello retuso emarginato, polliniis geminis oblongo sphaericis
postice excavatis in caudicula triangulolancea, glandula oblonga.

Genus valde insigne cl. Eugenio Warming viro strenuo, de botanica arte
meritissimo sincero cum gaudio dicatum.

W. Eugenii Rchb. f. Planta caespitosa. Folium in caule brevissimo
unicum evolutum spithamaeum cuneato lanceolatum, acuminatum. Pedunculus
multiflorus bene brevior. Bracteae minutae triangulae. Sepala lancea. Tepala
subaequalia denticulata. Labellum trifidum, disco basilari bicallosum. Laciniae
laterales semiovatae lacerae denticulatae. Lacinia mediana lancea.

Notylia odontonotos Rchb. f. Warm: racemo plurifloro pendulo,
bracteis setaceis ovaria pedicellata vix dimidia aequantibus, sepala dorsali lineari-

ligulato obtuse acuto, sepalis lateralibus ligulato linearibus ante basin dilatatis, apice ipso bidentatis, tepalis linearilanceis acuminatis, labello ab ungue rhombeolanceo, basi vix incrassato, columna glabra, androclinio postice marginato, pulvinari obtuso antice.

Ornithocephalus pygmaeus Rchb. f. Warm.: vix pollicaris, foliis utrinque ad quatuor ensiformibus acuminatis vix pollicaribus, racemo subaequilongis, rhachi flexuosa subtereti, pedicellis et ovariis glanduloso hispidis, bracteis a basi cordata late ovatis acutis, carinatis, margine glanduloso hispidis, sepalis cuneato ovatis subconcavis dorso glanduloso hispidis, tepalis rhombeis denticulatis, labello a basi latiori ligulato acuto medio constricto carinis carnosis semioblongis subdenticulatis duabus ante columnam, papulis hispidis inter utramque, columna arcuata postice apiculata, rostello longe rostrato. — Flores albidi viridi picti in tepalis ac in labello, ubi striae virides quinae et carinae virides.

Ad iconem cl. Warming descriptus.

Maxillaria meirax Rchb. f. Warm.: bene caulescens pseudobulbis distantibus conicis rugosis diphyllis, foliis cuneato oblongoligulatis bilobulis, pedunculo pluri-. ac dense vaginato, bractea ovarium subaequante, mento modico, perigonio subcartilagineo horizontali. sepalis ligulatis acutis, tepalis subaequalibus, labello bene unguiculato cordato humerato trilobulo. lobis in basi utrinque obtusangulis, lobo antico producto acuto antice cartilagineo areola semilunata impressa, callo carnoso trisulcato cordiformi inter lobos posticos, in sinu postico velutino, columna arcuata apice circa androclinium velutina.

Affinis Maxillariae notylioglossae Rchb. f.

Galeandra lagoënsis Rchb. f. Warm.: caule valido non pseudobulloso, anthesi foliato, foliis ultra pedalibus pollicem latis subtus energetice trinerviis, racemo paucifloro. bracteis linearilanceis ovaria subaequantibus, sepalis tepalisque lanceis acuminatis subaequalibus, labelli calcari conico attenuato, lamina triloba, lobis lateralibus obtusangulis, lobo mediano lato ligulato emarginato undulato, carinis geminis incrassatis confluentibus in disco, carinula teneriori addita utrinque, anthera vertice clavigera.

Cyrtopodium palmifrons Rchb. f. Warm.: pseudobulbis teretiusculis basi attenuatis apice bene foliatis anthesi evolutis. paniculis anthesi brevioribus bracteis ......, sepalis semiovatis brevissime acutis, tepalis obovatis obtusis, labelli laciniis lateralibus a basi angusta transversa ovatis basin versus semicordatis, lacinia mediana transversa subcrenulata emarginata. callis parvulis pluribus circa limbum laciniae anticae, papulis lobosis ligulisque suprapositis inter lacinias laterales.

Flores flavi plus minus cinnamomeo picti.

Cyrtopodium vernum Rchb. f. Warm.: pseudobulbis abbreviatis vix dimidium pedem attingentibus semifusiformibus, foliis anthesi omnino non evolutis, inflorescentia alta, apice saepe paniculata, bracteis late ovatis acutis ovaria pedicellata subaequantibus, labelli lacinia media transverse ovata biloba seu subintegra, callo in isthmo inter lacinias transverso papuloso seriato carinato.

Flores pallide sulphurei. Sepala et tepala apicibus intus seu fusca, seu fusco punctata. Labelli laciniae laterales fuscae, lacinia antica fusco marginata. Bracteae sulphureae hinc disco cinnamomeae. Pedunculus cinnamomeus.

Cyrtopodium poecilum Rchb. f. Warm.: pseudobulbis minutis, foliis lineari lanceis anthesi inflorescentia racemosa multo brevioribus, bracteis oblongis acutis undulatis ov. p. non aequantibus, labelli callo sellaeformi, lateribus involutis, margine laciniae anticae ecalloso.

Sepala paria variae longitudinis. Color floris primarius pallidissime viridis seu ochraceus maculis brunneis seu cinnamomeis numerosis, praesertim in apicibus sepalorum et tepalorum. Labelli discus pallide flavus. Margines ac laciniae laterales brunnei.

Cyrtopodium pallidum Rchb. f. Warm.: pseudobulbis parvulis, foliis linearilanceis acuminatis trinerviis rigidis, anthesi inflorescentiae racemosae tertiam dimidiamve aequante, bracteis ovatis acuminatis seu lanceo acuminatis ovaria pedicellata subaequantibus, labelli lacinia mediana oblonga undulata obtusa nunc emarginata, callis papulosis pluribus inter lacinias laterales.

Bracteae pallide viridiusculae centro nunc pallidissime cinnamomeo lavatae. Sepala et tepala pallidissime alboviridia, nunc omnia apicibus brunnea, nunc sepala tantum, nec tepala, omnia ceterum brunneo seu cinnamomeo guttata guttis parvis.

Cyrtopodium virescens Rchb. f. Warm.: pseudobulbis quartam pedis subaequantibus, foliis anthesi non evolutis, panicula usque ultra bipedali, bracteis ovatis acutis ovaria pedicellata subaequantibus, labelli lacinia mediana ab ungue lato cordata semiovata emarginata crispula circa limbum carinulis abbreviatis callosis multis, callis congestis hinc excavatis hinc muriculatis, carinulis quibusdam suprapositis in ungue.

Perigonium virens seu flavidum. Sepala et tepala brunneo guttata. Labellum brunneo maculatum. Limbus anticus brunneo marginatus. Laciniae laterales nunc totae brunneae nunc brunneo maculatae. Callus albus brunneo punctulatus.

Cyrtopodium Eugenii Rchb. f.: pseudobulbis fusiformibus inflorescentiae quintam vix aequantibus, anthesi aphyllis, pedunculo valido longe racemoso, bracteis linearilanceis ovaria pedicellata subaequantibus, labelli lacinia antica mediana rhombea antice emarginata plana, callo grumoso in basi, ungue laevi.

Rhachis purpurea. Sepala bene lanceolata acuta, ochracea, apice cinnamomea, ceterum basin versus ochracea cinnamomeo guttata, seu ochracea eguttata.

Tepala spatulata acuta similis coloris, semper minute punctulata. Laciniae labelli laterales cinnamomeae. Lacinia antica simpliciter flava. Bracteae ochraceae antrorsum rufo lavatae.

Cyrtopodium triste Rchb. f. Warm.: pseudobulbis abbreviatis ad tres pollices altis, foliis linearilanceis acuminatis energetice trinerviis, inflorescentia racemosa bene brevioribus, bracteis oblongolanceis bene undulatis deflexis ovaria pedicellata subaequantibus, labelli lacinia antica reniformi subsessili, callo ex carinulis lobulosis parallelis ad 5 inter lacinias laterales.

Rhachis ex cl. Warming, cui omnes colores harum specierum debeo, violacea uti ovaria pedicellata. Bracteae rufinae. Sepala intus rufa. Tepala ochracea apicibus rufis, nunc circa limbum rufo punctata. Labellum rufo disco parvo ochraceum.

Cyrtopodium purpureum Rchb. f. Warm.: pseudobulbis semifusiformibus inflorescentiae quartam fere attingentibus (?), foliis linearilanceis energetice trinerviis, inflorescentiae racemosae basin anthesi attingentibus, bracteis lanceis exiguis, labelli lacinia media hastato triangula crispula, callo plurisulcato multipapuloso.

Flores pulcherrimi. Sepala et tepala pallide rosea, dimidiis externis obscurius rosea. Labelli laciniae laterales intus atropurpureae, extus roseae. Lacinia mediana roseopurpurea ima basi minuta flava.

Mormodes sinuatum Rchb. f. Warm.: racemo plurifloro folia prope aequante ascendente, sepalis tepalisque sublatioribus oblongoligulatis acutis, labello brevissime unguiculato subito dilatato in lacinias laterales triangulas obtusas laciniamque mediam oblongam retusiusculam abrupte apiculatam.

Perigonium ex pict. cl. E. Warming atropurpureum. Columna violaceo purpurea.

Dichaea bryophila Rchb. f. Mss. in herb. pluribus ex 1849: aff. Dichaeae brachyphyllae et brachypodae Rchbf. f. foliis linearibus medium versus dilatatis acuminatis, vaginis infimis demum a foliis orbatis, pedunculis tenuibus capillaribus bractea ochreata obliqua, ultra duas pollicis tertias longis, sepalis ovatis acuminatis, tepalis subaequalibus, labello ab ungue lineari in laminam sagittato triangulam transversam extenso, carinula obscura per unguem, columnae androclinio marginato, lamina lata triangula sub fovea, eandem post anthesin tegente. Plura specimina brasiliensia vidi.

(Dichaea Moseni Rchb. f. Mss.: 0 m, 2 alta, polyphylla, foliis linearilanceo acuminatis (0 m, 09 longis, 0 m 004 latis), pedunculis brevibus (0 m, 01 longis), bractea ampla cucullata, sepalis ligulatis obtuse acutis, tepalis angustioribus, labello ligulato basi brevi sagittato et cucullato, columna vertice paulo marginata, angulis lateralibus juxta foveam minute et breve pilosulis, ligula sub fovea lineari

margine pilosula. „Folia canaliculata. Perigonium flavoviride. Columna et labellum albida." Santos ad truncos arborum in ripa amnis Rio Ruturvea 1874.
¹/₁₂ II. G. Mosén.

Cl. Mosen obedientissime dicata, qui speciminibus pulcherrimis collectis
optime de Orchidographia meruit).

Aëranthus aciculatus Rchb. f. Warm.; arrectus, mediocris, forsan
elongatus, caule calamum columbinum crasso, radicibus adventitiis crassiusculis
subteretibus hinc lineis obscuris longitudinalibus paucis verrucosis, verrucis paucis,
foliorum laminis tantum in apicibus caulium juniorum subulato acuminatis canaliculatis valde carnosis vix dimidium pollicem aequantibus, racemis tenuibus brevibus
distichifloris ex axillis vaginarum foliorum vetustorum, bracteis triangulis minutissimis pedicellos de ovario pulchre definitos non aequantibus, sepalis lineariligulatis, subfalcatis, tepalis lanceoligulatis, labello pandurato ligulato acuto, calcari
clavato acutiusculo rectangulo cum labello ovario punctulato subaequali.

„Sepala, calcar et ovarium flavido miniata."

Aëranthus intermedius Rchb. f. Warm.: altior, caule validiusculo calamum corvinum crasso, foliis crassiusculis ligulatis apice bidentatis,
sesquipollicaribus, tres lineas latis, magine bene argutis, radicibus adventitiis
fusiformibus cauli crassitie aequalibus folia plus ter excedentibus, racemis distichis
densiusculis (uti in Aërantho relicto Rchb. f.), bracteis triangulis minutis, ovaria
pedicellata non aequantibus, sepalis anguste triangulis, tepalis subaequalibus,
labello basi utrinque obtuse angulato ad medium usque, antice triangulo, calcari
conico saecato obtuso ovario pedicellato breviori. — Flores ex pictura cl. Warmingii
pallide miniati, apicibus albis.

Aëranthus neglectus Rchb. f. Warm.: caule quam in praecedente,
Aerantho intermedio paulo teneriori, foliis lineariligulatis apice obtusis inaequaliter bilobis, radicibus adventitiis filiformi funiformibus crassiusculis folia plus
duplo excedentibus, racemis distichis abbreviatis, bracteis —, sepalis anguste
triangulis, tepalis brevioribus lanceolatis, labello ligulato acuto medio utrinque
acutangulo, calcari cylindraceo obtuso curvo ovarium excedente. (Juxta ic. cl.
Warming).

(Epidendrum Lindbergii Rchb. f.: Spathium spatha simplici:
caule valido, pedali et altiori, foliis ligulato oblongis acutis (0,16 : 0,03), spatha
una arguta acuta, panicula nutanti seu porrecta densiflora, ramis 4—6, sepalis
ligulatis acutis, tepalis angustioribus, labello subcordato elliptico crenulato, callis
in basi angulatis duobus, callo longiori porrecto depresso triangulari interposito.
Affine E. mesomicron Lindb. recedit labello trilobo, callis, foliis latioribus.
Flores virides. Caldas Nov. 1854. G. A. Lindberg.)

Epidendrum pium, (Euepidendrum) Rchb. f. Warm.: paulo ramosum, vaginis arpophyllaceis, foliis lineariligulatis subacutis, inflorescentia pauciflora, bracteis triangulis obtusis carinatis, flori prope aequalibus, sepalis ligulatis obtuse acutis tepalis subaequalibus, labello cordiformi obtuso callis geminis in basi, struma rotundata in parte ovarii superiori, columnac alis rotundatis geminis juxta androclinium. Ex minoribus.

Bletia Lundii Rchb. f. Warm.: pseudobulbis ligulato fusiformibus mono--diphyllis, foliis linearisemiteretibus canaliculatis acutis, racemo bifloro ex bulbo minuto vaginato aphyllo (more Epidendri Walkeriani), sepalis tepalisque ligulatis acutis, labello trifido, laciniis lateralibus semiovato angulatis, lacinia autica semioblongo crispo lobulatava. Laelia Lundii. Flos illi Bletiae (Laeliae) flavae Rchb. f. subaequalis candidus, venis labelli purpureis.

(Elleanthus crinipes Rchb. f.: ultra pedalis, vaginis nervosis papulosis, foliis valde nervosis firmis oblongoligulatis acuminatis apice subinaequalibus ad 6, capitulo parvo, bracteis a lata basi triangulis acuminatis scariosis pilosis, ovario pedicellato bene piloso, sepalis oblongis triangulis pilosis, tepalis linearibus acutis, labello a basi angustiori rotundo serrulato, callis in basi approximatis geminis, columna circa androclinium utrinque ala rhombea.

Affines species Elleanthus Caravata Rchb. f. et lepidus Rchb. f.

Evelyna crinipes Rchb. f. Mss. in Mus. Berol.)

Pleurothallis pristeoglossa Rchb. f. Warm.: caule secundario tenui arcte vaginato, folio cuneato oblongo obtuse acuto, minutissime punctato, pedunculo capillaceo bene longiori superne fractiflexo racemoso, bracteis minutis, floribus longe pedicellatis, sepalo impari lanceo fornicato trinervi, sepalis lateralibus ad apicem bidentatum usque connatis, tepalis ligulatis acutis uninerviis bene brevioribus, labello ligulato acuto a medio apicem usque serrulato seriebusque dentium per discum anticum, carinulis humillimis serrulatis geminis ad latera mediana, columna gracili apice tridentata.

Cl. Warming pinxit flores ochraceos lineis ternis rufis in sepalis (ac lineis duabus in sepalis, una mediana, una marginali siquidem bene intellexii). Planta tenuis, magnitudine partium Pleurothallidis Kefersteinianae Rchb. f. ac Schiedei Rchb. f.

Pleurothallis hastulata Rchb. f. Warmg.: parva, compacta, caulibus secundariis laminam ellipticam acutam vix aequantibus, racemo paucifloro folium excedente, bracteis ochreatis retusis, pedicellis inclusis, sepalo impari ligulato acuto, sepalis paribus latioribus connatis apice bidentatis, tepalis spatulatis obtusis minutis, labello unguiculato hastato triangulo medio repando, columna crassa brevi. Juxta ic. cl. Warming.

(Pleurothallis Moseni Rchb. f.: caulibus secundariis inter se distantibus filiformibus vaginis distantibus pulchre maculatis, foliis linearilanceis acutis chartaceis rigidis (canaliculatis), racemis solitariis seu geminis capillaribus, nutantibus seu ascendentibus, paucifloris, floribus hiantibus, sepalo impari lineari lanceo acuto trinervi, sepalis lateralibus ad apicem connatis, ibi bidentatis, minute ciliatis, tepalis unguiculatis ovatis apiculatis, columna brevioribus, labello unguiculato obtuse trullaeformi, apice serrulato, basi utrinque bis obtusangulo, angulo sc. basilari uno minuto altero angulo assidente ad latus unguis, columna gracili curvata juxta foveam utrinque ala quadrata.

Caules secundari 0,09 alti. Folia subaequilonga, vix 0,01 lata; sicca inferne argute carinata. Pedunculi ad 0,06 longi, flores distantes, 0,01 longi, 2—5, brunnei.

Sat affinis Pleurothallis auriculata Lindl. folio multo latiori ac labello tepalisque longe recedit.

Prov. Minas Geraës Caldas 1874 15/5 cl. Mosen).

Pleurothallis modestissima Rchb. f. Warm.: caule secundario folio multo longiori, folio oblongo acuto basi angustiori, racemo paucifloro folium dimidium subaequante, floribus brevipedicellatis, sepalo impari ligulato acuto, sepalo pari apice bidentato, tepalis rhombeis sursum serratis, labello hastato trilobo, auriculis baseos triangulis seu semioblongis denticulatis, lobo antico oblongo denticulato parce hispido porrecto, carinulis semiovatis geminis in basi, columna trigona arcuata, apice tridentata, basi utrinque umbonata.

Pleurothallis harpophylla Rchb. f. **b. atropurpurea** Rchb. f. et Warm.: flore atropurpureo.

Pleurothallis Warmingii Rchb. f.: pedalis, caule folium lanceolatum acuminatum subaequante, vaginis infimis muriculatis, floribus aggregatis seu solitariis, sepalis inaequalibus, sepalo impari ligulato acuto, sepalis lateralibus majoribus, tepalis a lata basi filiformibus apice clavatis, labello trilobo margine antice ac sub lobo antice obtuse subquadrato aspernlo, lobis lateralibus semiovatis, carinis geminis curvis superne, ungue utrinque auriculato, anthera vertice penicillata.

Obs. Pleurothallis auriculigera Rchb. f. Gard. Chroniel. 1871. 9. Decbr. p. 1579 = Masdevallia auriculigera Rchb. f.

Pleurothallis aviceps Rchb. f. l. c. = Masdevallia aviceps Rchb. f.

Utraque species est descisceens de characteribus utriusque generis. Me judice licet sepalum impar liberum sit melius militabunt in exercitu Masdevalliarum.

Octomeria robusta Rchb. f. Warm.: prope spithamaea caule secundario valido folii laminam oblongoellipticam obtusissime acutam bene superante (bis seu 1½), floribus fasciculatis, sepalis tepalisque ligulatis acutis, labello cuneato trilobo, lobis posticis obtusangulis, lobo antico triangulo apice retuso obsolete obtuseque tridentato, carinis geminis in disco.

Ab omnibus speciebus foliorum circumscriptione satis superque recedit.

Octomeria Warmingii Rchb. f.: aff. O. tricolori Rchb. f. folio latiori obtusissime acuto, labelli lacinia antica integerrima acuta nec denticulata obtusa. Caules secundarii sesquipollicares tenues. Folium oblongo ellipticum obtusissime acutum. Flores solitarii seu gemini. Sepala et tepala lancea. Labellum trifidum. Laciniae laterales erectae triangulae obtusae, lacinia antica semielliptica acuta, per discum bicarinata. Inter species minores.

Microstylis Warmingii Rchb. f.: aff. M. spicatae Lindl. foliis pluribus petiolatis ellipticis obtusisusculis, racemo amplo congesto, sepalis lateralibus curvatis, tepalis filiformibus, labello transverso cordiformi apiculato. Usque prope bipedalis. Folia ad sex variae magnitudinis, usque duos pollices lata, tres et dimidium longa, sicca subcuprea. Pedunculus multangulus omnino supra folia inflorescentiam usque nudus. Bracteae semilanceae uninerves pedicellos subaequantes. Fructus globosi.

Species egregia inflorescentia densissima usque tripollicari ac labelli indole et foliis numerosis a M. spicata Ldl. bene recedens cl. Warming dicata.

Bulbophyllum mucronifolium Rchb. f. Warmg.: aff. B. recurvo Lindl. pseudobulbis conicis obtusangulis, folio lanceolato acuminato, pedunculo pendulo longe laxeque racemoso, bracteis —, mento obtuso, sepalo impari lineari-lanceo, sepalis lateralibus latioribus, tepalis linearilanceis acutis subbrevioribus, labello linguiformi basi paulo dilatato, columna apice trifida, dentibus erectis. — Flores albosulphurei. Tepala stria una purpurea. Labellum intense flavum. Species a domino Barbusa descriptae 1. 2. 3. labello recedunt saltem in descriptione (Juxta ic. cl. Warming.)

Bulbophyllum chloropterum Rchb. f. Warm.: Gardeners Chronicle 1871. 16. Sept. 1794: pseudobulbo conico angulato et sulcato, folio cuneato oblongo acuto, pedunculo (deflexo) vaginato apice longius brevius racemoso, bracteis paleaceis ligulatis obtuse acutis ovaria pedicellata subaequantibus uninerviis, mento bene rectangulo, sepalis ligulatis, lateralibus paulo latioribus, tepalis linearibus acutis, labello oblongo ligulato acuto, ante basin utrinque dente exsiliente, columna apice tridentata.

Rio Janeiro: imp. A. D. Berrington Esq. Abergavennensis. Spontaneum legerat cl. Warming antea.

Bulbophyllum Lundianum Rchb. f. Warm.: pseudobulbo conico obscure tetragono, folio oblongoligulato optime acuto, pedunculo elongato forsan crassiusculo, racemo tristicho, bracteis ovaria subpedicellata superantibus ovatis acutis uninerviis, sepalo utroque ligulato acuto, connato apice tamen bidentato

latiori cum angulo ante basin, tepalis ovatis apiculatis ciliatis, labelli laciniis lateralibus semiovato oblongis ciliatulis cum callo bivalvi connatis, lacinia mediana
cuneata spatulata oblonga obtusa tremula, columna bicirrhosa apiculis infrapositis
assurgentibus. Sepala ex pict. cl. Warming viridula rubro maculata. Tepala et
labellum alba lilacino striolata. Portio basilaris cum callo videtur profunde atropurpurea.

Bulbophyllum vittatum Rchb. f. Warm.: aff. Bulbophyllo antenni-
fero Rchb. f. (Didactyli Lindl.) labelli isthmo elongato, lamina antica cordato-
subhastata oblonga ciliolata, tepalis abbreviatis.

„Pseudobulbus tetragono conicus. Folium cuneato oblongum acutum."
Pedunculus longe extensus superne nutans. Bracteae ovatae acutae ovaria pedicellata tegentes. Sepala triangulo lancea subaequalia libera. Tepala triangula
ciliata minuta. Labelli laciniae basilares obtuse triangulae seu quadrangulae
ciliatae appositae callo magno erecto medio sulcato. Lamina antica isthmo bene
evoluto separata. Columnae cirrhi ascendentes, inferiores brevissimi. Sepala a
cl. Warming pinguntur interne viridia basi atropurpureo paucifasciata. Tepala
atropurpurea fasciis albis. Labellum atratum apice purpureum albo praetextum.

(Oncidium (Disepala Macrotepala) macronyx Rchb. f.
Mss. in Mus. Berol.: aff. Oncidio unicorni Lindl. sepalis tepalisque obtusis, labelli
ungue ⅓ laminae aequante, callo lineari apice cucullato tecto, cornu falcato tereti
retrorso anteposito, lamina pandurata apice emarginata, laciniis posticis parvis
semiovatis isthmo angusto a lacinia antica obtusangulo rhombea emarginata
separatis.

Pseudobulbus, folia, panicula, columna speciei nominatae.
Brasilia 3276. Sellow [Herb. reg. Berol.].)

VIII. Novitiae africanae.

Es werden hier die immerhin nicht zahlreichen Früchte des Studiums
grosser Schätze afrikanischer Orchideen mitgetheilt. Das „semper aliquid novi
ex Africa" fängt nunmehr an, für sehr viele Gebiete nicht mehr recht zu passen.
Die Veröffentlichung des Ergebnisses der Untersuchung kostbarsten Materials
bevorzugter Metropolen wurde mir nur durch das Wohlwollen der Vorsteher
grossartiger Sammlungen möglich.

Sir Joseph Hooker und Professor Oliver zu Kew haben von jeher wie
ehedem zu Sir William Hooker's Zeiten mir alle vorhandenen Orchideen als
Studienobjecte zur Verfügung gestellt. Aus dem Berliner Museum, das nunmehr

Herrn Professor Eichler untersteht, hat mir Herr Professor Garcke mehre höchst merkwürdige Seltenheiten wesentlich von der Expedition Von der Deckens und Steudners zur Untersuchung übergeben und noch neuerlich ein paar Unica Hildebrandts, die ich nicht selbst besitze und deren noch gedacht werden soll. Diesen Herren sage ich meinen besten Dank.

Monsieur Adolphe Brongniart vom Jardin de Plantes zu Paris hat mir eine prächtige Serie abyssinischer Orchideen verehrt.

John J. Bennett Esq., Vorsteher der Botanischen Abtheilung des British Museum hatte wegen der eigenthümlichen Gesetze dieser Anstalt eine grosse Sammlung abyssinischer Pflanzen Schimpers persönlich gekauft, um dann die erste Serie an das British Museum zu geben, während die übrigen weniger zahlreichen Sammlungen nach Kew und einigen andern Stellen veräussert wurden. Ich empfing von Herrn John J. Bennett eine geradezu luxuriös aufgelegte Serie der Orchideen, denen ich eine Anzahl noch durch den Besitz einer kleineren Serie hinzulegen konnte.

Diesen zwei Männern, die leider nicht mehr unter uns weilen, kann ich den Zoll der Dankbarkeit nur als Nachruf widmen.

1. **Habenaria Milnei**: aff. H. gabonensi Rchb. f. forsan ultra bipedalis, foliis infimis —, geminis in caule ovatis acutis distantibus, vagina lancea una superiori, racemo laxo plurifloro, bracteis lanceolatis apiculatis ovaria pedicellata ultra pollicaria dimidia non aequantibus, sepalis oblongolanceolatis acutis, tepalis linearifalcatis obtusis binerviis, labello unguiculato ante tertiam basilarem trifido, laciniis linearibus acutis divaricatis, calcari filiformi ovarium pedicellatum excedente, canalibus antherarum tenuibus ascendentibus, cruribus stigmaticis teretiusculis deorsum uncinatis porrectis elongatis, rostelli processu mediano triangulo parvo.

Woods Gaboon. Rare to be found in flower at this season. March 1874. Miln (Herb. propr.)

2. **Habenaria zambesina**: forsan ultra bipedalis, valida, foliis in caule oblongoligulatis acutis, folio infimo longiori, foliis reliquis abbreviatis, racemo densissimo magno, bracteis lanceis acutis marginatis ovaria pedicellata non aequantibus, sepalo impari orbiculari subcochleato, sepalis lateralibus triangulis, tepalis trianguloovatis apice retusis obscurissime subtridentatis, labello basi utrinque angulato, brevi ligulato, per medium antice carinato, calcari ovarium pedicellatum longe superante filiformi, rostelli processu mediano triangulo minuto, antherae canalibus ascendentibus brevibus, styli cruribus contiguis curvulis assurgentibus.

Zambesi Land. Kirk 2. 60 (Herb. Kew).

A Habenaria candida et stenochila Lindl. labello bene recedit.

3. **Habenaria natalensis**: gracilis, ultra m 0, 31 alta, foliis infimis —, superioribus linearilanceis acuminatis 6 in vaginas abeuntibus, racemo elongato, bracteis triangulis aristatis ovaria pedicellata non aequantibus, sepalo impari oblongo, sepalis lateralibus oblongis arcuatis, tepalis curvato semilunatis antrorsum angulatis, bi= — trinerviis, labelli tripartiti partitionibus filiformibus abbreviatis, calcari filiformi antrorsum ampliato arcuato ovario pedicellato longiori, antherae canalibus arrectis, cruribus stigmaticis porrectis, rostelli lacinia media xiphoideotriangula parva.

Natal W. T. Gerrard 1552. (Herb. Kew.)

4. **Habenaria polypodantha**: vix spithamaea, foliis basilaribus 2—3 oblongis acutis, 0 m, 08 longis, 0,03 latis, pedunculo gracili, vaginis ad 2, racemo paucifloro, bracteis ligulatis apiculatis ovaria pedicellata dimidio haud aequantibus, sepalis oblongis acuminatis, tepalis bipartitis partitione superiori linearilancea, partitione inferiori lineari subulata longiori, labelli partitionibus linearibus subaequalibus, lateralibus nunc paulo longioribus, calcari filiformi ovario pedicellato longiori, rostelli lacinia mediana fornicata acuta maxima, canalibus productis, cruribus stigmaticis productis apice globosis.

Kraus Koop Natal M. Ken. Natal W. T. Gerrard. Juli 1865. Nr. 1554.

5. **Habenaria malacophylla**: m 0, 46 alta, subgracilis, vaginis in caulis basi paucis, foliis evolutis usque 7, oblongolanceis acutis, 0 m, 12 longis, 0 m, 02 latis, nunc sub ipsa inflorescentia evolutis, racemo laxo elongato, bracteis lanceis acutis ovariis pedicellatis brevioribus, sepalis oblongis acutis, tepalis bipartitis partitionibus linearilanceis subaequalibus, labelli partitionibus lateralibus lineari subulatis, partitione mediana lineari, omnibus subaequalibus, calcari gracili filiformi antrorsum ampliato ovario pedicellato aequali, cruribus stigmaticis brevibus retusis. Folia exsiccata tenuissima, subnigra.

Katberg Eastern frontier Hutton! — Tsomo river Mrs. Barber.

6. **Habenaria Gerrardi**: parvula, vix spithamaea, foliis arrectis oblongoligulatis obtuse acutis 3, vaginis suprapositis, racemo densiusculo, bracteis oblongis acutis parvulis ovaria pedicellata vix dimidia aequantibus, sepalis oblongis obtuse acutis, tepalis falcatis ima basi antica unidentatis, labello tripartito partitionibus filiformibus subaequalibus, calcari cylindraceo ovarium pedicellatum subaequante.

Natal 1559. W. T. Gerrard.

7. **Habenaria thomana**: ultra bipedalis, foliis in basi cuneato oblongo lanceis acutis congestis, squamis bracteaeformibus distantibus minoribus in caule elongato, racemo longissimo ultra pedali, bracteis lanceolatis acutis ovaria pedicellata subaequantibus sepalo impari galeato oblongo acuto, sepalis lateralibus oblongis acutis, tepalis bipartitis, partitione superiori linearifalcata, anteriori

13

falcula minuta, labelli alte trifidi laciniis lateralibus falcatis retusis (!), lacinia mediana lineari, calcari cylindraceo ovario subaequali, antherae canalibus abbreviatis, cruribus stigmaticis teretiusculis productis.

St. Thomas 4000′. G. Mann! (Unic. in herb. Kew.)

8. **Habenaria perbella**: ultra pedalis, caule valido, foliis oblongo-ligulatis acutis ad 7, aequidistantibus, arrectis, racemo paucifloro (3), bracteis maximis foliaceis ovaria longipedicellata dimidia non aequantibus, sepalo impari oblongo acuminato 5 nervi, pulcherrime quadrato retinervi, sepalis lateralibus curvatis ligulatis acutis trinerviis, tepalorum partitione superiori triangulo lancea trinervi, partitione anteriori lineari acuminata longiori, labelli partitionibus lanceis acutis trinerviis subaequalibus, calcari filiformi ovario pedicellato longiori, canalibus antherae brevissimis ascendentibus, cruribus stylinis gracilentis.

Similis Habenariae pratensi Rchb. f. sed foliis aequalibus latioribus, bracteis ac calcari diversissima.

Auf Bergen in Uschan von 4000′ bis gegen 6000′ über Meer. 6. Aug 1852. 592. Schimper. (Hab. ab ill. Brongniart).

9. **Habenaria Walleri**: bipedalis, foliis in caule valido omnibus bene vaginatis laminis lanceis brevibus erectis, racemo paucifloro, bracteis lanceis acuminatis pedicellos elongatos non aequantibus, sepalo impari triangulo, sepalis lateralibus triangulis acutis, tepalis bipartitis, partitionibus falcatis trinerviis, partitione superiori angustiori, labello alte trifido, laciniis ligulatis acutis subaequalibus, calcari ovario pedicellato subaequilongo (in bractea abscondito), canalibus antherae rectis productis, cruribus stigmaticis clavatis oblique retusis.

Manganja hills: E. Africa. Waller. (Unica in herb. Kew.) Juxta Hab. perbellam.

10. **Habenaria subarmata**: foliis orbiculatis apiculatis geminis magnis humistratis, pedunculo sub inflorescentia pedali vaginis acutis seu acuminatis 7, racemo 3 — 4 pollices longo, rhachi multicarinata, carinis muriculatis, bracteis lanceo acuminatis ovarii pedicellati ⅓ — ⅕ longis, ovariis pedicellatis elongatis muriculatis, sepalo impari ligulato acuto cassideo, sepalis lateralibus oblongis curvatis apiculatis, tepalis bipartitis, partitione sepalo impari agglutinata lineari falcata interiori filiformi subulata longiore, labello tripartito, partitionibus lateralibus quam tepala multo longioribus filiformibus, partitione mediana breviori, antherae canalibus ascendentibus, cruribus stylinis a basi tenui clavatis retusis.

Near Tette Febr. 8, 66. In shade among bush. Leaves flat on ground. Between Tette and the seecoast. Dr. J. Kirk. (Hb. Kew).

11. **Habenaria armatissima**: foliis orbiculatis apiculatis geminis magnis humistratis, pedunculo sub inflorescentia spithamaeo, vaginis acutis seu aristato subulatis 7—8, racemo 2—3 pollices longo, rhachi laevi, bracteis lanceo-

triangulis ovaria pedicellata dimidia vix aequantibus, ovariis pedicellatis elongatis, bipollicaribus, sepalis oblongotriangulis aristatis, lateralibus dimidiatis, tepalis lineari lanceis, lacinia antica filiformi acuminata longissima, labelli partitionibus lateralibus huic laciniae aequalibus, partitione mediana linearilancea multo breviori, calcari filiformi ovarium pedicellatum excedente, antherae canalibus filiformibus assurgentibus, cruribus stigmaticis a basi tenuissima elongatis clavatis retusis.

Auf Bergen am Bellagers. 4000—5000′ über Meer bis Tascrotsch S. Aug. 1852. Blüthe weiss. Schimper 630 (acc. ab ill. Brongniart Paris). Am Lalamba bei Kereu. (Bogos) Aug. 1861. Nr. 696. Unicum. Dr. Steudner. (IIb. Mus. reg. Berol!)

12. **Habenaria martialis**: gracillima, foliis infimis vaginis, superioribus paucis in laminas minutissimas lineari acuminatas extensis, inflorescentia m 0,09 laxa, bracteis lanceis acutis ovario pedicellato brevioribus, sepalo impari ovato acuto, sepalis paribus oblongis curvis, mucronatis, tepalis bipartitis, partitione superiori ensata, inferiori breviori, labello tripartito partitionibus linearibus, lateralibus curvatis brevioribus, calcari filiformi ovario pedicellato longiori, antherae canalibus tenuibus, cruribus stigmaticis tenuibus deorsum curvatis.

Rovoma 25. 3. 1861. Dr. Kirk. (Hb. Kew).

13. **Habenaria peltastes** (Cultratae): ultra tripedalis, foliis lanceis acuminatis 6—7 infra bene nervosis, vaginis duabus suppositis, racemo elongato laxo omnino vultu illius Habenariae leptoceratis Hook., gracili, bracteis ligulatis apiculatis, ovariis pedicellatis subdimidio aequalibus, sepalo impari ligulato acutiusculo, sepalis lateralibus obovatis apiculatis nervis curvatis, apiculo in angulo superiori, tepalis bipartitis partitione superiori lancea binervi, inferiori angustiori, breviori enervi, apicem versus linea obscura, labelli partitionibus lanceis, lateralibus haud dimidiam mediam productam trinervem aequantibus, calcari filiformi clavato ovario pedicellato subaequali, canalibus antherae ascendentibus, rostello uncinato, stigmatis cruribus verrucosis apice peltato recisis.

Lalamba bei Kereu. Aug. 1861. Dr. Steudner! (Unica Mus. Berol. a toto grege labelli partitionibus latis abhorrens.)

14. **Habenaria chirensis**: (Cultratae) ultra sesquipedalis, foliis linearilanceis distantibus arrectis quaternis, in vaginas 5 decrescentibus, racemo laxifloro, longiusculo, bracteis lanceis pedicellos aequantibus, ovaria aequilonga non attingentibus, sepalo impari oblongo, sepalis lateralibus cuneato obovatis, apiculo in margine superiori, tepalis bipartitis, partitione superiori lineari, inferiori linearilancea, subaequali, labelli partitionibus filiformi subulatis subaequalibus, calcari filiformi apicem versus paulo ampliato, ovarium pedicellatum non aequante, antherae canalibus arcuatis tenuibus, cruribus stigmaticis productis rectis apice valde ampliatis retusis.

Chire. Quartin Dillon. (Herb. propr.).

13 *

15. **Habenaria sochensis** (Cultratae): ultra bipedalis valida, plus dimidio caule foliato, foliis infimis laminas breves edentibus lanceas, reliquis in squamas abeuntibus, racemo elongato densifloro, bracteis lanceis aristatis ovaria pedicellata subaequantibus, sepalo impari elliptico oblongo trinervi, sepalis lateralibus oblongis curvatis apiculatis trinerviis, tepalis bipartitis, partitione superiori falcato lineari, partitione inferiori oblongofalcata, labelli tripartiti partitionibus linearibus acuminatis subaequalibus, calcari filiformi apice ampliato ovario pedicellato subaequali, canalibus antherae curvulis, stigmatis cruribus apice abrupte ampliatis.

Near Soche Hill. Mangauja country alt. 3000. 9./3. 62. Dr. J. Kirk. (Unice in herb. Kew).

16. **Habenaria nyikana** (Cultratae): „validissima, usque quadripedalis", foliis linearilanceis arrectis ad 5, vaginis pluribus supra decrescentibus, racemo densifloro, multifloro, bracteis lanceis acutis ovariis pedicellatis subaequalibus, pedicellis ovaria non aequantibus, sepalo impari oblongo obtuse acuto, sepalis lateralibus cuneato ovatis apiculatis, apiculo subextrorso in angulo marginis superioris, tepalis bipartitis, partitione superiori brevi lancea curva, inferiori triplo longiori lancea, labello tripartito partitionibus lanceis, partitione mediana longiori, calcari filiformi apice inflato ovario pedicellato aequali, antherae canalibus tenuissimis rectis, cruribus stigmaticis longiusculis apice clavatis.

„Flores virides". Zambesi mouth. Nyika Irland. Dr. J. Kirk. 8. 62. (H. Kew.)

17. **Habenaria humilior** (Cultratae): spithamaea, compacta, foliis lanceis acutis patulis (4—5), vaginis 3 sub racemo plurifloro, bracteis magnis oblongis acutis ovaria pedicellata subaequantibus, sepalo impari oblongo parvo, sepalis lateralibus oblongodimidiatis apiculo non apicilari, sed in margine superiori intus insidente, tepalis bipartitis, partitione superiori lineari, inferiori lancea multo majori herbacea in basi velutina, labelli partitionibus linearibus elongatis subaequalibus, calcari filiformi ante apicem acutum ampliato, ovario pedicellato paulo breviori, antherae canalibus filiformibus arcuatis, cruribus stigmaticis crassissimis retusis porrectis.

Ex Tigré v. Begemder. Schimper 1373 (acc. a cl. b. Bennett).
Affinis Habenariae leucochlorae Rcb. f.

18. **Habenaria pedicellaris** (Cultratae): ultra pedalis, foliis arrectis linearilanceis acuminatis 4, in vaginas bracteasque 4 abeuntibus, racemo laxo, bracteis lanceis pedicellos non aequantibus, pedicellis longissimis tenuissimis, sepalo impari parvo ligulato obtuse acuto, sepalis lateralibus oblongis extrorsum curvatis, apiculo non apicali, sed dorsali, tepalis bipartitis, partitione superiori lineari, inferiori lancea ter longiori, labelli partitionibus linearibus aequalibus, calcari filiformi apicem versus ampliato ovario pedicellato breviori, canalibus

antherae elongatis hamatis, cruribus stigmaticis porrectis linearibus apice vix ampliatis retusis.

Ex Tigré v. Begemder. Schimper 1863—68 N. 1369 (Acc. a cl. b. Bennett).

19. **Habenaria anisoptera**: (Pectinatae) usque sesquipedalis, foliis in caule 4—5 oblongoligulatis acutis abbreviatis, racemo elongato laxifloro, bracteis maximis foliaceis. acutis. flores superantibus seu aequantibus, perigonio valde inaequali, sepalo impari parvo triangulo, sepalis paribus oblongis acutis maximis, tepalis triangulo arcuatis basin versus obtusangulo extensis minute ciliatis, nervis geminis sub nervo mediano, nullis supra idem, labello tripartito partitione mediana lineari acuta, partitionibus lateralibus linearibus extrorsum pectinatis, laciniis nunc bi= — trifidis, cruribus stigmaticis magnis productis retusis.

Ex Tigre v. Begemder. Nr. 1320. Schimper 1863—68. (Acc. a b. cl. Bennett).

20. **Habenaria Steudneri**: uni Hab. Bonateae Rcbb. f. (Bonateae speciosae W.) affinis, bipedalis, caule valido, foliis evolutis oblongis acutis cartilagineo marginatis brevibus octo, vagina apice foliosa in basi, squamis in bracteas abeuntibus duabus, racemo laxifloro, 6 floro, bracteis oblongis acuminatis cucullatis, pedicellos subaequantibus pollicaribus, ovariis pedicellos superantibus, sepalo impari libero oblongo apiculato fornicato, sepalis lateralibus oblongotriangulis margine superiori partim cum labelli ungue basique crurum stylinorum connatis, dein triangulo deflexis, tepalis bipartitis, partitione superiori lineari acuta margine brevissime ciliolata cum sepalo impari cohaerente, partitione antica lineari acuminata multo breviori, labelli trifidi laciniis linearibus acutis, calcari cylindraceo ovario pedicellato subaequali, antherae canalibus elongatis rectis, rostello cucullato fornicato apiculato limbo brevissime setuloso, styli cruribus teretinsculis apice latissime spatulatis porrectis.

Flores illis Habenariae Bonateae subaequales. Tepala et calcar et labellum et canales antherae valde elongati eximie differunt. Beato martyri speciosa planta dicata.

Keren. Bogos. Octobri 1862. Dr. Steudner. Nr. 700. (Unicum Musei Berolinensis).

21. **Habenaria orangana** (Bilabrella): vultu Habenariae divitis, spithamaea, foliis congestis arrectis 12 in vaginas abeuntibus, racemo cylindraceo multifloro densifloro elongato, bracteis lanceis ciliatis, per dorsum minute muriculato ciliolatis saltem supra nervos, ovaria pedicellata superantibus, sepalo impari oblongo obtuso trinervi, sepalis lateralibus ovatis apiculatis curvatis quinquenerviis, tepalis bipartitis margine minute ciliatulis partitione superiori falcata obtusa trinervi, partitione inferiori triangula minori enervi, labelli partitionibus lateralibus falcatis, uninerviis, partitione mediana lineari longiori latiori retusa cum apiculo

trinervi, calcari filiformi ovario subaequali, antherae canalibus curvatis brevibus, stigmatis cruribus productis oblique retusis brevibus, rostelli processu mediano uncinato ultra antherae loculos egrediente.

Orange free state. Cooper Coll. 1862. Nr. 1096. (Hb. propr.)

22. **Orchis maculata** L. Haec planta exstat inter plantas africanas caffras Cooperi Nr. 1879. Vidi plura specimina. Rem non intelligo. Lapsum suspicor.

23. **Disperis Kerstenii**: habitu Pogoniae tetraphyllae Endl. Popp. sed diphylla foliis Neottiae cordatae et racemosa, caule gracili, ultra spithamaeo molli, foliis supra basin caulis approximatis brevissime vaginatis, laminis elliptico triangulis acutissimis limbo obsoletissime obscure crenatis, pedunculo dein longe nudo, apice racemoso (quadrifloro), bracteis oblongo triangulis nunc abbreviatis semilanceis, ovariis pedicellatis paulo seu multo brevioribus, galea aconitoide ex sepalo impari fornicato ligulato acuminato inflexo et tepalis unguiculatis extrorsum bilobis, lobo superiori late falcato, inferiori producto subquadrato antrorsum dente superiori magno, dentibus inferioribus multo minoribus, sepalis lateralibus unguiculatis ovatis saccis conico curvatis, labello filiformi apice bicruri, cruribus filiformibus apice anchoroidcis bifidis, lacinulis curvo triangulofalcatis hinc crenulatis, lacinula pusilla penicillata in sinu inter utriusque basin, in galea involuto ac flexo, appendicibus cartilaginis rectis filiformibus.

Flos illi Pogoniae tetraphyllae subaequimagnus.

Coll. v. d. Decken: in Kilima (reg. Dschagga) ad radices montis Kilmandjaro 3—4000′ leg. Kersten. (Mus. bot. Berolinens.)

24. **Disperis stenoplectron**: spithamaea, foliis in caule distantibus oblongoligulatis acutis siccis inferne nervosis, racemo plurifloro (9) disticho, bracteis triangulis ancipiti complicatis, flores inferiores superantibus, sepalo impari dorso fornicato obtuso antice acuminato elongato, sepalis paribus lanceis sacco angustissimo filiformi brevi (⅓ sepali), tepalis sepalo impari agglutinatis rhombeo acuminatis ab unque angustissimo, medio argute umbonatis, intus verrucosis, labelli ungue brevissimo, labio superiori triangulo, inferiori majori latiori ligulato apiculato hinc lobulato, callis intus multis superficiem dentium molarium humanorum aemulantibus, processibus cartilagineis rostelli rectis, in calcaribus (saccis) sepalorum lateralium immersis (!!).

Num calcara sepalorum lateralium omnium Disperidum perulae sint pro recipiendis processubus cartilagineis cum caudiculis glandulisque nescio, tamen crediderim.

Inter plantas Ecklon-Zeyherianas herbarii mei reperi unicum specimen, quod unquam vidi.

Valde affinis (jam calcaribus processubusque cartilagineis et galea abunde diversa) est Disperis Cooperi Harv. II. 172. Icon non carricatura, sed fructus hallucinationis execrabilis dicenda! Sepala lateralia subfalsa, haud omnino fictitia.

25. **Disperis Wealii**: gracilis, ultra spithamaea, foliis linearibus acutis brevissimis distantibus quaternis seu ternis, racemo bi- — trifloro, bracteis ligulatis acutis ovaria pedicellata non aequantibus, galea obtusa, sepalo impari cucullato fornicato obtusato apice acuminato, sepalis lateralibus lanceis acuminatis, calcari obtuso saccato antrorso, labello unguiculato bipartito, partitionibus triangulo cucullatis hinc lobulatis.

Flores illis Disperidis paludosae aequimagni, albi et virides. Impressiones virides in limbo tepalorum externo videre me crediderim.

In ditione austroafricana, 4500 p. Februario 1869. J. P. M. Weale. 917. (vidi 3 sp. in herbario cl. M. Owan et obtinui specimen ab eodem).

26. **Disperis meirax**: humillima, vix duos pollices alta, glaberrima, foliis geminis cordato ovatis acutis approximatis, pedunculo inter folia et inflorescentiam nudo, apice racemoso bifloro, bracteis cucullato triangulis magnis, sepalo impari apice apiculato in calcar extinctoriiforme amplum erectum apice retuso emarginatum (semper?) evecto, sepalis lateralibus ovato triangulis calcari conico parvulo versus apicem, tepalis ovatofalcatis sub galea agglutinatis, labello filiformi apice bifido, lacinula retrorsa supra medium in pagina externa.

Auf Bergen 8500' über Meer. Weg von Debr' Erki nach Woina 24. Aug. 1852. Schimper Nr. 632 Mus. Paris. jardin des plantes. (ded. ill. Brongniart Parisiis.)

27. **Disperis anthoceros**: usque ultra spithamaea, caule infra longe aphyllo, foliis geminis ovatotriangulis suboppositis, pedunculo apice (uni- —) bifloro, bracteis ovatis acutis, quam ovaria pedicellata longa bene brevioribus, sepalo impari galeato in calcar extinctoriiforme usque pollicare extenso antice acuto, sepalis lateralibus obovatis curvulis sepalo summo adhaerentibus, labello lineari basi utrinque minute et argute unidentato, apice minute sagittato.

Ex Tigré v. Begemder Schimper a. 1863—68. Nr. 1210 et 1295. Mus. Britann. (hab. ab ill. b. Bennett, hb. Mus. Brit. praef.)

28. **Disperis galerita**: caule crasso 3—5 pollicari diphyllo, foliis cordato ovatis acutis (cochleatis?) abbreviatis, racemo paucifloro (trifloro), bracteis maximis foliaceis, sepalo impari cucullato in calcar conicum descendens expanso superne parce ac obscure verruculoso, cum tepalis ligulatis in galeam connato, sepalis paribus oblongotriangulis obtusis ante apicem sacco minuto conico, labello lineari medio rhombeo lobis rhombi laciniulam in pagina inferiori mediana externa retrorsum amplectentibus.

Bei Andere in Semen. 20. Aug. 1852. Auf Wiesen 9300' über Meer. So fest in verschlungenen Graswurzeln, dass es nur selten möglich ist, ein vollständiges

Individuum zu erhalten. Schimper 631. Mus. Paris. — Ex Tigré v. Begemder Nr. 1270. Coll. Mus. Britann. (Acc. ab ill. b. Brongniart et Bennett.) Obs. In basi labelli nunc denticulum utrinque unum video, nunc desidero.

Roeperocharis N. Gen. Affine Habenariae: columna latissima, antherae loculis antice abruptis sine canalibus, rostello latissimo laminari antice in lacinias triangulas descendente, stigmatis cruribus utrinque, deorsum et sursum porrectis, hinc bicruribus.

Mirum genus ad Disperides et Pterygodia viam quasi monstrans.

Planta fabrica floris, stigmatibus inauditis adeo egregia inter Ophrydeas, uti ill. Roeperus inter nos. Viro meritissimo pio animo dicatum genus.

29. **R. Bennettiana**: tripedalis et altior, vultu Platanthcrae dilatatae, caule valido, foliis arrectis, infra energetice trinerviis lauceotriangulis ad 5, vaginis squamosis suprapositis 3—4, racemo cylindracco densifloro usque spithamaeo, bracteis lanceolatis flores subaequantibus, tepalo impari ovatotriangulo, sepalis lateralibus curvatis oblongis acutis arrectis, tepalis a lata basi semiovata triangulo uncinatis, apice convolutis antrorsum curvatis, labello tripartito, partitionibus linearibus, lateralibus ascendenticurvatis, calcari cylindracco obtuso ovario paulo breviori, stigmatum brachiis superioribus ligulatis apice lobulatis (!). Habenaria Bennettiana Rchb. f. in litt. ad cl. Bennett.

Ex Tigré v. Begemder. Schimper. Nr. 1327. (Hab. sp. sicc. 4.) Obtinui a b. cl. Bennett, cui grato animo dicata.

30. **R. platyanthera.** (Habenaria platyanthera Rchb. f.)

31. **Brachycorythis tenuior**: spithamaea usque pedalis tenuis, foliis numerosis oblongis acuminatis minutis, racemo paucifloro, bracteis foliaceis flores superantibus, sepalo impari ligulato obtuso, sepalis lateralibus curvatis ceterum aequalibus, tepalis ligulatis basi antrorsum obtusangulis, labelli calcari conico, lamina lineariligulata obtusa hinc medio utrinque obtusangula, lamellis geminis in basi.

Natal Gueinzius! Maritzburg 20. Jan. 1869 Buchanan! (Herb. Kew et propr.).

32. **Brachycorythis pleistophylla**: tripedalis, caule plurisuifolio, foliis oblongis abrupte acuminatis congestis in bracteas abeuntibus, racemo elongato (0 m, 13 longo), bracteis oblongis acutis flores subaequantibus, sepalis oblongis obtuse acutis, lateralibus curvulis, tepalis oblongis obtusis lato semilunatis margine inferiori obscure lobulatis, labelli basi minute gibbosa conico obtusa, lamina cuneato oblonga apice biloba cum apiculo minuto in sinu interjecto, laciniis subfalcatis obtusis conniventibus, tota lamina sepala et tepala ipsa longe superante.

Mozamballa (? recte lego ?) Decbr. 1838. Meller! (Unic. mus. Kew).

33. **Brachycorythis Mac Owaniana**: vix spithamaea, vaginis in basi caulis validiusculi amplissimis, foliis lineariligulatis acutis numerosis acutis

aggregatis (ultra 12) usque sub inflorescentia, ibi in bracteas abeuntibus, racemo usque bipollicari multifloro, parvifloro, comoso, bracteis lanceis nunc flores excedentibus, sepalis oblongis obtuse acutis, tepalis angustioribus ligulatis, labelli cuneato dilatati antice trifidi laciniis triangulis, lacinia mediana producta, calcari cylindraceo ovario subbreviori.

Sepala et tepala sicca in specimine Mac Owaniano flavoviridia. Labellum siccum albido cinnamomeum.

Duo specimina vidi durante mea vita. Alterum ipse possideo, inter copiam plantarum Ecklon Zeyherianarum repertum. Alterum multo pulchrius exstat in herbario cl. Mac Owani. Signatum est „exempl. unic.“

34. **Disa hircicornis**: tripedalis, caule valido, foliis oblongoligulatis acutis in caule ad 3, superioribus vaginis, racemo cylindraceo densissimo, bracteis oblongis apiculatis ovaria pedicellata aequantibus seu superantibus, galea ovata acuta fornicata in calcar erectum curvum seu vulgo uncinatum acutum extenso, sepalis lateralibus ligulatis apiculo ante apicem insidente, tepalis oblongis sinuatis obtuse acutis, labello linearispatulato.

Planta sicca cinnamomea. Bracteae siccae nunc reflexae. Ab affini Disa extinctoria tepalis, labello, statura recedit.

Near Soche Hill. Manganja country. 9./3. 1862, alt. 3000′ Dr. Kirk. (Herb. Kew).

35. **Disa Walleri**: ultra pedalis, valida, foliis infimis —, caulinis oblongolanceolatis abbreviatis, racemo ultra spithamaeo, densissimo, bracteis lanceis flores plerosque superantibus, galea cassideo fornicata antice obtusa, calcari curvulo filiformi apice clavato, tertiam ovarii floridi aequante, sepalis lateralibus ligulatis acutis, tepalis lineari falcatis, labello lineari angustiori, anthera supina.

Planta sicca atrocinnamomea more Disae polygonoidis Lindl.
Manganja Hills. E. Africa. H. Waller! (Hb. Kew.)

36. **Disa Deckenii**: vultu Disae polygonoidis, spithamaea seu paulo altior, foliis infimis lineariligulatis acutis, superioribus 5—7 in bracteas abeuntibus, acuminatis, racemo cylindraceo denso, bracteis lanceoovatis flores subaequantibus, galea oblonga, calcari filiformi de medio dorso ad medium ovarium descendente, sepalis lateralibus oblongis, tepalis parvis oblongis aristatis, labello lineari.

Ab affini Disa polygonoide calcari et tepalis bene distincta, minor.

In monte Kilimandjaro 6500—8500′ coll. Kersten socio expeditionis infausti b. v. d. Decken. Planta habitu macrior, obscurior: Kilma ad radices montis Kilimandjaro (reg. Dschagga) 3—4000′. Kersten 1860—62. (Mus. bot. berol.).

37. **Disa Huttonii**: vultu Disae polygonoidis, robusta, spithamaea usque ultra pedalis, foliis triangulolanceis acuminatis multis (ad 9) in bracteas abeuntibus, racemo crasso cylindraceo multifloro densifloro, bracteis lanceis ovaria

14

pedicellata subaequantibus, galea hemisphaerica brevi cum calcari cylindraceo obtuso recto breviori, sepalis lateralibus oblongis cum apiculo inframarginali, tepalis linearifalcatis obtuse acutis, labello lineari ligulato. — Flores extus velutini.

„Flowers rich purple, or rosy, velvety." Sicca atra.

Eastern frontier. Henry Hutton! (Herb. Kew et herb. propr.)

38. **Disa hemisphaerophora**: pedalis, foliis oblongis acutis numerosis densis in bracteas abeuntibus, racemo cylindraceo crassissimo, bracteis oblongis acutis tenuibus valde retinerviis, galea hemisphaerica, calcari cylindraceo obtuso brevi, sepalis lateralibus oblongis, tepalis rhombeis, utrinque inflexis, superne cum gibbere in margine medio, labello linearispatulato obtuso velutino.

Affinis Disae Mac Owani, a qua bracteis multo tenerioribus bene retinerviis, galea breviori, tepalis, labello, inflorescentia duplo crassiori ac foliis latis recedit. Orange free State. 975. d. Cooper. (Herb. propr.)

39. **Disa Mac Owani**: ultra bipedalis, firmula, foliis carnosulis arrectis oblongoligulatis acutis ad 4, in vaginas abeuntibus, inflorescentia cylindracea plurillora, elongata, bracteis oblongis acuminatis saepius apice reflexis flores aequantibus seu superantibus, galea oblonga fornicata, calcari cylindraceo abbreviato ovarii pedicellati vix tertiam aequante, sepalis lateralibus oblongis apiculatis, apiculo insidente, tepalis triangulis latere superiori inflexo, inferiori obtusangulo, labello linearispatulato. Vultu quodammoda Disae obtusae Lindl.

Afr. . austr Febr. alt. 4000' 1123. Mac Owan.

Meritissimo cl. M Owan dicata. (Herb. propr.)

40. **Disa cephalotes**: gracilis, rigida, stricta, foliis linearibus acuminatis nervosis, vaginis acutatis inter folia et inflorescentiam ad 4, racemo capitato erecto (nunc cernuo), bracteis lanceo aristatis ovaria pedicellata vix aequantibus, galea cucullata apiculata, apiculo intramarginali, calcari filiformi acuto recto ovario pedicellato bene breviori, sepalis lateralibus ovatis acutis apiculatis, apiculo intramarginali melius evoluto, tepalis triangulis obtusis sursum et deorsum obtusangulis, labello lineari.

A simili Disa stricta jam labello lineari valde diversa. Sepala apicem versus velutina.

In graminosis jugi montis Boschberg. 4000'. Mac Owan 1533! (Herb. propr.)

41. **Disa laeta**: caule stricto, foliis arrectis ligulatis acutis, supremis in bracteas abeuntibus, racemo densifloro, cylindraceo, bracteis lanceis flores superantibus aequantibusve, galea oblonga fornicata, calcari modico supra basilari filiformi ovarium medium attingentes, sepalis lateralibus oblongis ante apicem energetico mucronato apiculatis, tepalis obtusangulis rhombeo ligulatis, labello cuneato oblongo retusiusculo medio utrinque obtusangulo, hinc trilobo, anthera erecta!

Natal Fannin 53! (Herb. Kew.)

Montolivaea Nov. Gen. Affinis Gymnadeniae. Sepala triangula obtusa. Tepala oblonga (ciliata subpellita). Labellum expansum trifidum, laciniis semi-oblongis triangulisve (praesertim margine pulchre pellitis), lacinia mediana porrecta longiori, umbone ante calcaris ostium (!), calcari semigloboso brevi. Antherae loculi divergentes. Glandulae exsertae nudae. Rostellum porrectum triangulo ligulatum emarginatum magnum proboscideum (!!!). Stigmata semiglobosa gemina supposita.

Planta habitu Disae bracteatae Sw., sed floribus minoribus multo majori copia evolutis, foliis latis Platantherae viridis! Specimen majus ad manus 0 m, 23 altum basi habet folia ampla ovalia apiculata. In caule folia 8, summa in bracteas abeuntia. Spica cylindracea 0 m, 07 longa, floribus parvis 50—60. Bracteae lanceae acutae siccae apice obscurae ovaria aequantes seu superantes.

42. **Montolivaea elegans.** Auf Bergen 7000—8000' über Meer. Weg von Debr Ercis nach Woina. 25. Juli 1852. Nr. 625. Schimper! Ex Tigré v. Begemder coll. 1863—8, Nr. 1268. Schimper!

(Acc. ab ill. b. Brongniart et Bennett.)

Genus cl. b. Montolivo Nicaeensi dicatum.

43. **Holothrix Brongniartiana**: foliis geminis transverse ovatis subacutis humistratis, glabris, pedunculo gracilento, usque 0 m,05 longo, retrorsum piloso, spica subsecunda, bracteis lanceo acuminatis ovaria pedicellata subaequantibus, ovario deorsum hispido, sepalis oblongis apiculatis extus parcissime velutinis subnudisve, tepalis ovato falcatis aristatis longioribus, labello cuneato oblongo obtuso apice integerrimo seu paucidentato, calcari filiformi dimidio ovario aequali.

Ill. b. Brongniart pio animo dicatum, qui primus flores quosdam dedit.

Herb. Lutet.: „Agrina entre 6000 et 7000' 28. Août 1850. Malgrès toute mes peines, je n'ai trouvé, que ces deux échantillons à une journée de distançe. Auf Bergen" [1]) 651 Schimper! — Debr-Erki vers Woina 7000' 25. Juill. 1852. Auf Bergen 651 Schimper!

Herb. Mus. Britan.: 1329 Schimper. (Delin. et descrips. Lutetiae Parisiorum et hab. specimina a cl. Bennett!)

44. **Holothrix arachnoidea**: foliis geminis nunc aequalibus, ovato transversis, basi subcordatis subacutis, siccis areolatis more Satyrii, folio superiori nunc melius acuto, pedunculo longe exserto pilis deorsum spectantibus hispido, spica pauciflora (6—10), bracteis lanceo acuminatis pilosula ovaria aequantibus, sepalis lanceo aristatis, tepalis subaequalibus oblongis abrupte cuspidatis, cuspidibus bene exsertis, labello cuneato flabellato, antice quinquefido, laciniis ligulatis acutis, disco papuloso, calcari conico parvo labelli lamina quater-sexies breviori. Peristylus arachnoideus A. Rich.

---

[1]) Sic verbotenus.

Auf Bergen, 7000′ über Meer. Debr Erki vers Woina. 24. Aug. 1852. Schimper. Woina Abyssinien: auf Bergen 7000′ über Meer. 4. Oct. 1852. Blüthe gelb. 759. Schimper. (Descripsi et delineavi in Museo Parisiensi et flores et spec. acc. ab ill. Brongniart.)

45. **Holothrix Schimperi**: glabra, folio orbiculari reniformi autumnali Thalerum Germanorum prope tegente, pedunculo veruali multisquamato, squamis sessilibus lanceoacuminatis, racemo spirali, bracteis triangulis acuminatis trinerviis ovaria subaequantibus, sepalis lanceo triangulis, uninerviis, tepalis ligulatis apice tridentatis, dente mediano porrecto, labello cymbomorpho apice acuto seu trilobulo lobulo mediano acuto, calcari arcuato acuto ovarium dimidium vix aequante.

Ex Abyssinia vivam misit cl. Schimper. Floruit in horte Botanico Hamburgensi.

46. **Holothrix praecox**: 0 m, 28 alta, gracilis, calva, anthesi aphylla, vaginis a triangula basi aristatis paulo distantibus onusta ad 10, racemo elongato secundo, bracteis lanceis ovario aequalibus seu subbrevioribus, sepalis triangulis inaequalibus, sepalo impari longiori, tepalis oblongis apice retuso utrinque angulatis medio in filum porrectum extensis, in floribus superioribus in fila plura solutis, labello cum columna basi connata naviculari oblongo acuminato solutis, deflexo seu utrinque cum dente laterali, nunc longidentato, nunc filigero, calcari filiformi ovario aequali seu (in floribus inferioribus) longiori.

Im Baumschatten zwischen Felsblöcken 9400′ über Meer. Sering bei Debr-Erki in Semen. 8. April 1853. Also diese die frühest blühende. Schimper 1536. (Acc. Lutetiae a b. ill. Brongniart.)

Obs. Observavi connectivi processum ligulatum emarginatum supra loculos antherae erectum. Num hoc constans?

47. **Holothrix Mac Owaniana**: pusilla, m 0, 09 alta, foliis transverse ovatis obscure apiculatis humistratis geminis, pedunculo minute hispidulo, sursum racemoso, racemo spirali seu quaquaverso, bracteis lanceolato subulatis ovaria pedicellata non aequantibus, sepalis triangulis acutis, tepalis falcato subulatis longioribus, labello flabellato retuso antice 6—9 dentato, saepe irregulariter, calcari a basi conica filiformi, ovarium pedicellatum raro aequante, recto seu arcuato.

Species a cl. Mac Owan felicissime augurata meritissimo viro grato animo dicata. (Tryphia Mac Owaniana in litt.).

Labella sicca ad manus velutina.

Afr. inf. T. M. Weale (hab. sp. sicc. 6 a cl. Mac Owanio et praeterea vidi sp. 5 in ejusdem herbario).

48. **Herminium natalense**: gracile, elatum, foliis oblongolanceolatis acutis 4—6, superne in bracteas abeuntibus, racemo distantifloro minutifloro elongato, bracteis lanceis acuminatis flores superantibus aequantibusve, sepalis

triangulis, tepalis linearibus, labello late ligulato antice aequaliter tridentato, calcari subgloboso.

Natal Gerrard 1541. (Hb. Kew & propr.)

49. **Herminium Steudneri**: validum, ultra pedale, vaginis atropunctatis, foliis oblongis acutis ad octo, summis in bracteas abeuntibus, omnibus abbreviatis. distantibus. racemo cylindraceo, compacto, floribus parvis, bracteis triangulis flores maturos aequantibus, sepalis ligulatotriangulis apice obscuris, tepalis lanceis, labello a cuneata basi dilatato medium usque trifido, laciniis triangulis, lacinia mediana longitudinaliter unicarinata, calcari subgloboso didymo.

706. Ghuba Hochthal (Semen). Dr. Steudner. Jan. 1862. (Unic. Mus. Berol.)

50. **Rhamphidia Mannii**: prope bipedalis, foliis a vagina brevi cupulari in petiolum brevem extensis, laminis cuneato oblongis acuminatis (ad 8, 0 m, 12 : 0 m, 0 4), rhachi supra folia brevi bivaginata in racemum elongatum extensa (0 m, 16 longum), bracteis, ovariis, perigoniis externis extus velutinis, sepalis oblongis apiculatis, tepalis linearibus, labello basi conico bigibbo intus utrinque minute bicalloso, medio constricto implicito, apice trifido, lacinula mediana minutissima apiculata, laciniis lateralibus linearibus retusis revolutis velutinis retrorsis (semper?), ligula forcipata in columnae basi.

Habitus quodammodo Goodyerae procerae Hook., sed inflorescentia paulo laxior.

River Cameroon. Jan. 1863. G. Mann 2131. (Hb. Kew.)

Manniella. N. Gen. aff. Stenopterae perigonii tubo elongato bis constricto ac columna apice diptera.

Sepala in tubum supra ovarium ac infra apices liberos constrictum connata, parte libera triangula, sepalo impari fornicato. Tepala lancea, inferne cum tubo connata. Labellum longissime unguiculatum, ungue pro maxima parte cum tubo connato, lamina subquadrata, apiculata, disco incrassata, utrinque subtiliter pilosula, sagittata, libera. Columna pro maxima parte sepalo impari adnata, sursum curva, apice utroque alula serrata ornata, rostello libero apice retuso emarginato. Anthera brevis. (Pollinia quaterna, pulverea visa.)

Planta cl. amico Gustavo Mann, montium Cameroon exploratori ingeniosissimo, nunc de flora assamica meritissimo dicatum.

51. **Manniella Gustavi.** Vultus Prescottiae colorantis Lindl. Radix fasciculata. Folia petiolata petiolis gracilibus basi vaginantibus (0 m, 13 longis), lamina oblonga acuta nunc aequali, nunc subinaequali energetice trinervi (0 m, 1 : 0 m, 0 55). Rhachis minutissime velutina. Bracteae triangulae ovaria vix aequantes, puberulae, ciliatulae. Ovarium et perigonium externum extus velutina.

Cameroon Mountains. Elev. 9000 feet. Jan. 1862. Mann 1336! — St. Thomas 3000 above the sea. Mann 1047! (Herb. Kew.)

52. **Cheirostylis heterosepala**: gracillima, foliis sua basi minute ac ample vaginatis, brevipetiolatis, laminis oblongolanceolatis acuminatis senis, approximatis, vaginis apice foliatis sub racemo paucifloro, subdensifloro, rhachi, bracteis, ovariis, sepalis extus minutissime velutinis, sepalo impari oblongolanceolato obtuso, sepalis paribus ovatotriangulis brevioribus, tepalis ligulatis extrorsum angulatis, labello basi subsaccato cum columna brevi connato, callo lineari corniformi uno utrinque oblique descendente in sacco, ungue angusto crenulato, lamina antice bifida, laciniis subquadratis, rostelli cruribus linearibus retusis curvulis.

Quasi imminutus Cerochilus rubens Lindl.

Cameroon Mountains 3000′. Novbr. 1862. G. Mann 2130 e. p. (Herb. Kew.)

53. **Monochilus lepidus**: gracilis m 0, 21 altus, foliis bene rosulatis, vagina minuta ampla brevissima, petiolis gracilibus laminis oblongolanceolatis acutis brevioribus (laminis m 0, 02 : m 0, 01), pedunculo longe aphyllo, vaginis 4 aequidistantibus, rhachi superne puberula, racemo paucifloro capitatocorymboso, bracteis lanceolatis uninerviis quam ovaria brevioribus, sepalo impari oblongoligulato obtuse acuto, sepalis lateralibus apice bidentatis ceterum connatis, omnibus cum ovariis bracteisque extus parce pilosis, tepalis ligulatorhombeis, obtusangulis, labello longe lineari antice bicruri, cruribus subquadratis extrorsis, callis geminis parvis in basi, rostelli cruribus subfalcatis ascendentibus. Parviflorus.

Cameroon Mountains 3000′. Novbr. 1862. G. Mann 2130 e. p. (Herb. Kew.)

54. **Monochilus tetrapterus**: ultra pedalis, gracilis, caule alte radicante, foliis brevissime petiolatis oblongis acuminatis (ad 7), vaginis apice foliaceis paucis sub racemo elongato, rhachi, bracteis. ovariis, sepalis extus hispidulis, bracteis lanceis ovaria superantibus, sepalis lanceoacuminatis, tepalis linearibus, labello ligulato canaliculato antice trifido, lacinia mediana apiculo minutissimo, laciniis lateralibus obtriangulis extus erosulo crenulatis, rostelli brachiis anguste obtriangulis.

Nomen a bracteis rostelli laciniisque labelli anticis depromptum.

Sierra de Crystal. Jul. 1862. G. Mann 1701. (Herb. Kew.)

55. **Polystachya caduca**: pseudobulbis aggregatis parvulis subsphaericis demum favoso rugosis (0 m, 01 altis) pisum majus aequantibus, ditriphyllis, foliis cuneato ligulatis apice minute bidentatis (ad m 0, 07 longis, m 0, 025 latis), pedunculo breviori, rarissime longiori, puberulo, racemoso, racemo vulgo secundifloro (8 floro), bracteis triangulis pedicellum vix superantibus, ovariis pedicellatis puberulis, floris tela tenuissima, mento erecto conico elongato oblique retuso sepala paria libera superante, sepalis triangulis acutis, tepalis linearibus acutis, labelli ungue elongato lineari, lamina aequimagna triloba, lobis basilaribus minutis rotundatis, lobo mediano elongato oblongo acuto, callo emarginato in disco superiori.

111

Omnino affinis Polystachyae pachyglossae Rchb. f.
Ex Tigrè v. Begemder Coll. Schimper 1863—68. N. 1159. (Acc. a cl. b.
Bennet et vid. in Mus. Britan. & Kew.)

56. **Polystachya superposita**: pseudobulbis fusiformibus tenuibus
(ad m 0, 07 longis) superpositis, uno ex alterius medio evoluto, anthesi vaginis amplis
laxis membranaceis vestitis, serius nudis aphyllis inflorescentiae vestigiis nunc
coronatis, foliis linearilanceis apice inaequalibus acuminatis (m 0, 1 : m 0, 05), racemo
seu panicula nutante, axi dense setuloso, bracteis triangulis acuminatis minutis
ovaria pedicellata longe non aequantibus, floribus ex minutissimis in genere, sepalo
dorsali linearilanceo acuto, sepalis lateralibus triangulis mento obtuso, tepalis
linearibus acutis, omnibus eleganter retinerviis, labello unguiculato trifido, laciniis
lateralibus linearifalcatis obtusiusculis, lacinia antica elliptica apiculata (callo lineari
in basi obscuro.)
Labellum farina ex pilis secedentibus liberum visum. Pilos non vidi.
Cameroon Mountains. Nov. 1862. Mann. 2125 ' (Herb. Kew et propr.)
Ex grege Polystachyae fusiformis Lindl.

57. **Polystachya caloglossa**: caulescens, ebulbis ultra spithamaea,
caule firmo, foliis paucis (4) distantibus de medio caule versus apicem omnibus
aequaliter evolutis, cuneato oblongis acuminatis (m 0, 685 seu m 0, 09: m 0, 25),
pedunculo ancipiti calvo brevi seu pauciracemo, seu quasi bifurcato, bracteis distichis triangulis complicatis ovariis pedicellatis multo brevioribus, dorso minute
verrucosis, floribus „inversis", mento obtuse conico, sepalo impari ligulato acuto,
sepalis lateralibus lato triangulis, tepalis oblongoligulatis apiculatis, labelli ungue
brevissimo, lamina transverse obtuseque rhombea apiculata, margine nunc undulato quasi quinqueloba, callo antrorsum libero bidentato seu bisulcato subtridentato
antrorsum libero in disco posteriori, columna brevi.
Flos exacte ille Eriae clavicaulis Wall. (Lindl. B. Reg. 1840. [XXVI. Misc. 220
(„20") p. 90 vultu externo. Labellum calvum visum. Callus quasi Zygopetalorum
ex sectione Warscewiczellarum.
Cameroon Mountains 5000 ' Nov. 1867. G. Mann 2110. (Herb. Kew.)

58. **Polystachya galericulata**: aff. Polystachyae cultriformi Rchb. f.
(Dendrobio cultriformi P. Thouars, P. cultratae Lindl.) caule tenui monophyllo, folio
cuneato oblongolanceolato acuto (m 0, 15 : 0, 028), solitario, panicula pleioclada
parcissime scabriuscula, bracteis triangulis minutis, ovariis pedicellatis velutinis,
sepalis lateralibus in mentum obtusato cylindraceum extensis, sepalis lateralibus
liberis anguste triangulis cum menti sacco rectangulis, sepalo impari lanceo,
tepalis lineari spatulatis acutis, labelli ungue longo per medium usque in basin
disci laminae furfuraceo, lamina transversa triloba, lobis lateralibus rotundatis
brevioribus, lobo mediano triangulo producto.
Flowers yellow. Niger-Expedition Barter. Brass. 1055. (Herb. Kew).

59. **Polystachya Leonensis**: ebulbis, (?) bene foliata, foliis 3—5, cuneato oblongolanceolatis acutis (m 0. 14 : 0, 025), pedunculo fere ad basin racemoso (m 0, 16), cum bracteis, ovariis, sepalis extus velutino, mento conico elongato, sepalis lateralibus triangulis brevibus, sepalo impari ligulato acuto, tepalis linearilanceis, labello cuneato dilatato oblongo antice latiusculo rotundato cum lobulo angusto obtuso producto mediano.

Niger-Expedition: Sierra Leone 8./5. 57 Barter. (Herb. Kew.)

60. **Polystachya coriscensis**: pusilla, vaginis sub folio coriaceo ligulato bidentato seu inaequali (0,07 : 0,01) uno seu geminato magnis, pedunculo vaginis 2 amplis, parce paniculato sc. ramulo uno minuto infraposito, rhachi puberula, ovariis pedicellatis velutinis, mento conico obtuso, sepalis lateralibus triangulis abrupte cuspidatis, sepalo impari lanceoacutato, tepalis linearibus acutis, labello brevissime cuneato trilobo, lobis lateralibus rotundatis magnis, lobo mediano semiovato apiculato parvo, superficie scaberula.

A Polystachya setifera Lindl.! bene recedit foliis corinceis, nec chartaceis, 1—2, nec pluribus, labelli lobo mediano parvo. Polystachia Adansoniae Rchb. f. etiam plurifolia et labelli lacinia mediana lancea longe recedit. Prior durante expeditione nigritana Barteri in Princes-Island lecta, altera ad ramos Adansoniae epiphyta caespitosa totius fere districtus de Golungo Alto Mart. 1855. a b. amico Welwitsch.

Corisco Bay. Aug. 62. Lat. 10. N. 9. Manu X. 1884. (Hb. Kew.)

61. **Polystachya shirensis**: foliis lineari ligulatis apice minute bidentatis ad 5 (m 0,11 : m 0,016), pedunculo brevi basi vaginato, unirameo paucifloro calvo, bracteis triangulis minutis, mento obtusangulo, sepalis lateralibus triangulis acutis porrectis, sepalo impari lineari lanceo, tepalis linearibus, labello cuneato dilatato medio trilobo, lobis lateralibus in lobo mediano majori semiovato apiculato plano incumbentibus, carina per basin, superficie furfuracea.

A Polystachya modesta Rchb. f. angolensi labelli indole bene recedit.

Livingstone Expedition. Lower Valley of River Shire. May 1861. Coll. C. J. Meller (Hb. Kew).

62. **Polystachya similis**: bene affinis Polystachyae luteolae Hook. foliis ligulatis oblongis apice minute bilobis, pedunculo vaginis geminis, panicula oligoclada subracemosa! ramis brevissimis arrectis, rhachi laevi, bracteis triangulis minutis, galea obtuse angulata, sepalis lateralibus lato triangulis, sepalo impari ligulato lineari, tepalis linearibus obtuse acutis, labello cuneato oblongo, antice trilobo, lobis omnibus antrorsis obtusis, lobo mediano longiori, tota superficie scabro furfuraceo, gibbere in base hemisphaerico.

Found near Klip fountain Natal by Mr. Charles Saunders. Comm. Keit. (Herb. Kew.)

63. **Polystachya Steudneri**: spithamaea, caule infra tumido, foliis linearibus apice inaequaliter bilobis (0,11 : 0,08), vaginis pedunculi 4 elongatis arctis apice libero acuto distantibus de rhachi, panicula rhachi parcissime pilosula, pauciramea breviramea, brevi, ramis non distantibus, sed brevissimis, inflorescentia hinc racemum simplicem mentiente, bracteis triangulis aristatis brevibus, ovariis pedicellatis calvis, mento obtusangulo minuto, perigonio calvo, sepalis triangulis, sepalo impari angusto, tepalis linearibus, labello cruciformi, ungue lineari brevi, laciniis lateralibus rotundis, lacinia mediana lineari ligulata acuta, carina angulata a basi in basin laciniae medianae, superficie furfuracea.

Flores jam ovariis submaturis.

704. Vom obern Guang. Von den Aesten der Acacia sanguinea. Steudner! (Acc. a Museo Bot. Berol.)

64. **Polystachya rhodoptera** Rchb. f. (errore typographico „rbodopterya") Hamb. Gartenz. 1858. XIV. 214. == Polystachya carnea Ad. Brongn. Flore des Serres XV. 45. „1862—65."

65. **Polystachya Bennettiana**: caule fusiformi non in bulbum conflato, foliis cuneato ligulatis apice inaequali acutis (ad 4, m 0,13 : m 0, 012), pedunculo puberulo paucifloro, ramulo unico in basi parvulo), racemo quaquaverso, bracteis triangulis minutis, ovariis parcissime minuteque evanescenti puberulis, mento brevissimo conico, sepalis triangulis acutis, sepalo impari quidem angustiori, tepalis lanceolatis acutis basi cuneatis, labello a basi brevissime cuneata dilatato trifido, laciniis triangulis, lacinia mediana porrecta latiori.

Specimen solitarium jam prope fructiferum vidi, quod debeo cl. Bennett, cui pio gratoque animo inscripta. Nec memini me vidisse in Museo Britannico, nec in Kewensi. Est planta Polystachya caduca ter major, racemo quaquaverso, mento brevissimo, labelli indole distinctissima, ne dicam de bulbi defectu. Timeo, ne in distribuendis plantis habitu fuerit Polystachya caduca, quod soli mihi feliciter evenerit.

Ex Tigre v. Begemder. Schimper! (Hab. a cl. b. Bennett.)

66. **Polystachya elegans**: caula basi vaginato, dein vere foliato, foliis ad 5 lineariligulatis apice obscurissime bilobulis (0 m, 12 : 0 m, 0,15), sursum vaginis geminis ampliusculis apice acutis, panicula pauciramea, ramis omnibus minutissime puberulis, densifloris, multifloris, parvifloris, bracteis a triangula basi subulatis ovaria pedicellata subaequantibus, mento teretiusculo oblique retuso elongato rectangulo cum ovario pedicellato, deorsum in sepali partem oblongam aristatam exeunte, sepalo impari lanceo aristato, tepalis lanceis, labello ab ungue longiusculo (convoluto?) in laminam utrinque bilobam antice semiovato apiculatam scabram exeunte.

Flores sicci juniores flavidi, reliqui rufo cinnabarini. Cameroon Mountains 5000. Jan. 1862. G. Mann. 1338 (statu fructifero). Cameroons 4600. Nov. 1862. G. Mann 2113 (statu pulcherrime florido). (Herb. Kew & propr.)

15

Lissochili purpurati.

Species simillimae vultu externo facile pro una haberi possunt. Libere fateor, me diu credidisse, plantam Hildebrandtianam Nr. 1951 nonnisi lusum esse Lissochili purpurati. Nunc per multas horas omnibus meis speciminibus perlustratis crediderim gregem specierum similium esse admittendum, de quibus haec notavi: Grex Lissochili purpurati Lindl.

Racemus laxiusculus, ante foliorum evolutionem florens. Bracteae triangulo setaceae. Florum directio summa anthesi varia. Flores tenue membranacei. Sepala ligulata acuta. Tepala oblonga. Labellum panduratum seu pandurato trifidum, carinis pluribus per longitudinem, geminis juxta carinam medianam lateralibus ante calcaris brevis conici orificium ornatis gibberibus, seu lamellis (L. Heudelotii) membranaceis. Similitudo florum cum illis Cottoniae peduncularis Rchb. f.

Carinae cristulis falcatis seu triangulis onustae,
  geminae basi supra calcaris orificium simpliciter
    gibbosae . . . . L. purpuratus Lindl.
  geminae basi supra calcaris orificium semicirculares
    tenues . . . . L. Heudelotii.
Carinae incrassatae cristulis orbatae,
  flexuosae pedicello elongato, floribus subpatulis . . L. malangensis.
  rectae pedicellis assurgentibus,
    labello pandurato . . . . L. Livingstonianus.
    labello trifido . . . . L. fallax.

67. **Lissochilus malangensis:** pedunculo subbipedali (basi tamen deficiente), vaginis amplis geminis, racemo valde laxifloro, elongato, in 0,25 longo, floribus anthesi subpatulis, bracteis lanceo aristatis ovaria $^2/_3 - ^1/_6$ attingentibus, sepalis ligulatis apiculatis, tepalis oblongis, labelli lamina oblonga auriculis baseos obscurissimis rotundatis haud sejunctis, carinis per labellum septenis, omnibus flexuosis, lateralibus medianis geminis basi supra calcaris orificium gibbosis, calcari breve conico apice rotundato capitato.

Angola: Malange. Ag. 1879 v. Mechow 261 (accepi unicum herbarii sui a cl. Rensch & vidi in herb. imp. reg. Berol.).

68. **Lissochilus Livingstonianus:** foliis —, pedunculo validiusculo, bipedali, distanter parvivaginato, apice racemoso, racemo sublaxo, bracteis triangulo setaceis ovaria pedicellata subaequantibus, floribus anthesi assurgentibus, sepalis ligulatis obtuse acutis, tepalis oblongis, labello basi utrinque rotundato, subpandurato oblongo acuto, carinis geminis basi in orificio calcaris brevis attenuato conici recti gibbosis, carina una mediana interjecta longiori, carinulis ternis utrinque.

115

Livingstone Zambesi Expedition. Manganja Hills. Sept. — to Nov. 18...
Coll. C. Meller. Abundant just before commencement of rain. Sept.
Manganja Hills. E. Afr. H. Waller. (Herb. Kew.)

69. **Lissochilus fallax**: bipedalis, foliis lanceis acuminatis anthesi
longe non evolutis, pedunculo bi= — tripedali gracili. paucivaginato, sursum laxe
racemoso, bracteis angustissimis a basi triangula setaceis ovaria pedicellata dimidio
non aequantibus, floribus anthesi assurgentibus, sepalis ligulatis acutis, tepalis
oblongis apiculatis, labello pandurato laciniis basilaribus semiovatis de lamina
reliqua optime separatis oblonga crenulata carinis septenis omnibus rectis, contiguis, geminis juxta carinam medianam basi supra calcar breve conicum apiculatum gibbosis.

Sansibar-Küste. Mombassa, zwischen Gras. J. M. Hildebrandt. April 1876.
Nr. 1951.

70. **Lissochilus heteroglossus**: aff. L. pyrophilo Rchb. f. tenuis,
longiracemosus, bracteis triangulosetaceis ovaria pedicellata hand aequantibus,
floribus parvis, sepalis triangulo lanceis, tepalis sublatioribus, labello supra
medium trifido, laciniis lateralibus semiovatis apicibus angulatis, lacinia mediana
ligulata emarginata lateribus crenulata longe producta, carinis quinis per discum,
calcari brevi cylindraceo obtuso quartam ovarii vix aequante, anthera minutissime apiculata.

Tantum racemus flexus exstat charta deficiente forsan in libro quodam
minuto asservatus.

Omnes partes siccae nigritae.

Near Zemika. Upper Shire Valley. Alt. 2000'. 6. Sept. 1859 Enl. (5).
14—19. S. Lat. coll. Dr. J. Kirk. Livingstone's S. Af. Exp. (Herb. Kew).

Obs. Gregi Lissochili pyrophili associandus Lissochilus carunculifer (Eulophia —) Rchb. f. licet characteribus magis ad Eulophias vergens. Res adeo
difficilis, uti in Masdevalliis duabus brasiliensibus supra vidimus.

71. **Lissochilus microceras**: aff. L. pyrophilo Rchb. f.: pedunculo pedali, basi vaginis brevibus amplis, una squama superiori bracteaeformi
sub inflorescentia, racemo laxifloro, (subsecundo?), bracteis linearisubulatis ovaria
pedicellata vix quarta aequantibus, ovariis longipedicellatis (m 0, 013), sepalis
ligulatis acutis, tepalis oblongis obtuse acutis, labelli laciniis angulatis in ima
basi parvis, lacinia mediana obovata obtusa paulo undulata, carinis quinis per
laciniam anticam crenulatis longitudinalibus, calcari curvulo acuto minutissimo,
antherae apiculo minuto.

Livingstone's S. Af. Expedition. Sotshi. Oct. 59. Alt. 3000 p. 14—19. S.
Lat. coll. Dr. J. Kirk. (Ilb. Kew.)

15*

72. **Eulophia callichroma**: foliis linearibus acutis apice bidentatis, (in 0,4 longis, 0,005 latis) fasciculatis, pedunculo ultra pedali, simplici seu parce ramoso, gracili, floribus distantibus, bracteis triangulosetaceis ovariis pedicellatis multo brevioribus, flore Eulophiae clavicornis Lindl., sepalis tepalisque lineariligulatis acutis, labello integro oblongo obtuse acuto margine crenulato, venis quinis antice serrato carinatis lateralibus ramosis, calcari cylindraceo apice bilobulo, ovarii pedicellati quartam aequante.

A toto grege Eulophiae tristis Sprg. labello integro longe recedit.

Eul. 6. Mesochile purplish bordered white. Epichile and Hypochile green. Qualizewa Margomeri. Sept. 11. 1861. Manganja hills. Coll. C. J. Meller. (Hb. Kew).

73. **Eulophia Milnei**: aff. Eulophiae luteae Lindl. foliis linearibus trinerviis durissimis, pedunculo gracili paucivaginato ac distantissime vaginato, apice racemoso, bracteis lanceis ovariis pedicellatis brevioribus, sepalis ligulatis apiculatis, tepalis sublatioribus, labello ab ungue brevissimo obscure tricarinato dilatato trifido laciniis lateralibus oblongis divaricatis, lacinia mediana oblonga emarginata lateribus serrulata, nervis quinis medianis cristulato ramentaceis in lacinia antica, calcari apice paulo inflato dimidium ovarium pedicellatum aequante.

Nimbo River. Benito Ground. Main Sand. Milne. (Herb. propr.) Obs. Timeo, ne Eulophia articulata Lindl. sit E. lutea Lindl. Habeo Eulophiae luteae specimina Thonningiana pseudobulbis „articulatis connatis“. Planta a b. ill. Lindley nominata juxta cl. Schumacheri descriptionem plantae Thonningianae.

74. **Eulophia venulosa**: ultra pedalis, gracilis, pauciflora, pseudobulbo parvo tumido, foliis linearibus acuminatis, anthesi brevissimis, pedunculo paucivaginato, apice racemoso, paucifloro, distantifloro, bracteis angustissimis ovarii pedicellati quartam vix aequantibus, sepalis lanceis, lateralibus reflexis, tepalis oblongis obtusis acutiusculis fornicatis, labello medio trifido, laciniis lateralibus humilibus oblongis, lacinia antica ab isthmo brevissimo rotundato triangula hinc crenulata, venis ternis medianis barbatis, inter lacinias laterales carinatis, calcari angusto conicocylindraceo labelli tertiam vix aequante.

Tepala et labellum pulchre venulosa. Flos illo Eulophiae luteae triplo major. „Flowers white.“

Livingstone Zambesi'Expedition. Manganja 1000'. November. December. C. J. Meller. (Herb. Kew.)

75. **Cyrtopera Shupangae**: foliis lineari lanceo acuminatis (0 m, 017 latis) pedalibus, pedunculo stricto tripedali, vaginis arctis acuminatis vestito, racemo multifloro, bracteis lanceo aristatis flores bene superantibus, sepalis lanceo acuminatis, tepalis lanceolatis, labello a cuneata basi dilatato, trifido, laciniis lateralibus lato falcatis abbreviatis, isthmo brevi, lacinia antica oblonga serrulata, callis minutis triangulis supra totum discum, columna basi utrinque parvi buccata, antherae apiculo parvo obtuso.

117

Flores illis Cyrtoperae pedicellatae Lindl. paulisper majores.
Livingstone S. Afr. Exp. 14—19 S. Lat. Jan. 59. Shupanga. Dr. J. Kirk. (Hb. Kew).

76. **Cyrtopera Walleri**: foliis —? (haud dubie linearilanceis plicatis), pedunculo pedali vaginis arctis ostio semilanceis, inflorescentia racemosa (subsecunda?), bracteis lineari aristatis ovaria pedicellata, nunc ipsos flores superantibus, sepalis tepalisque lanceis aristatis, labello a basi cuneata paulisper dilatato, supra medium trifido, laciniis lateralibus ligulatis obtusis nunc curvulis, lacinia mediana lineariligulata obtusa multo longiori, toto disco innumeris callis filiformibus obtusis cristato, columna brevi, anthera medio obtuse umbonata.
Manganja Hills. E. Africa. H. Waller. (Hb. Kew).

77. **Angraecum alcicorne** Rchb. f. Mss. Herb. Kew: radicibus tenuibus, caule brevi, foliis longe cuneatis, sursum dilatatis bilobis, lobis obtusangulis sinu amplo separatis (0 m, 13 longis, apice 0 m, 025 latis), pedunculis subaequalibus superne racemosis, laxifloris, paucifloris, bracteis triangulis ovaria pedicellata vix tertia quartave acquantibus, sepalis ligulatis acutis, tepalis subacqualibus, labello cuneato flabellato antice rotundato, calcari filiformi ovarium pedicellatum subduplo excedente, columna nana utrinque basi buccata.
De pollinario non liquet. Genus hinc dubium. Aërangis? Shi Bisa. River Shire. Shupauga. 9. Aug. 1859 Kirk. (Herb. Kew).

78. **Angraecum Boutoni**: humile, paucifolium, foliis cuncato oblongis apice inaequalibus, dente apicis altero progrediente (m 0,12 longis, m 0,03 latis), racemo erecto elongato, parvifloro, usque supra basin florido (m 0,15 longo), bracteis minutis, sepalis triangulis, tepalis subacqualibus labello cuneato dilatato tridentato, dente medio latiori, omnibus dentibus brevibus, calcari filiformi ovarium pedicellatum subaequante.
Affine Angraeco Hildebrandtii, quod labello integro bene recedit.
„Comorin Islands" Bouton 1837 (Herb. Kew.)

79. **Angraecum Rohrii**: caulescens, breve, radicibus adventitiis planiusculis, foliis cuneato ligulatis apice inaequaliter bilobis (0 m, 12 : 0 m, 0,17), pedunculis pluribus folia acquantibus subflexuosis, distantifloris, racemis laxis, sepalis oblongis, tepalis lineariligulatis, labello obtusangule rhombeo, calcari filiformi apicem versus clavato, laminam duplo superante, columna basi utrinque buccosa.
Flores illis Angraeci clandestini Lindl. subaequales. Apparatus pollinicus non visus, hinc de genere non sum certus.
Abyssinia. Dr. Rohr. Herb. East-Ind. Comp. (Herb. Kew).

80. **Angraecum megalorrhizum**: radicibus longissimis ramosis verrucosis (0 m, 32 longis, 0 m, 003 latis), foliis anthesi —, pedunculo tenui, (usque m 0, 09 longo), bracteis triangulis minutis, ovariis pedicellatis bracteas

118

quater-quinquies superantibus, sepalis tepalisque sublatioribus ligulatis acutis, labello ab ungue complicato in laminam rotundatam oblongam apiculatam crenulatam expanso, calcari arcuato filiformi subulato labello aequali, columna gracili basi utrinque humerata. rostello deflexo, anthera caudata, pollinario genetico Angraeci. Dimensiones pedunculi et florum fere uti in Angraeco Chilochistae.
R. Shire Valley. E. Africa. Decbr. 1865. II. Waller. (Hb. Kew).

81. **Phajus Mannii**: aff. Phajo bicolori Lindl. foliis longi petiolatis cuneato oblongis acutis (ultra pedalibus, m 0, 075 latis), racemo paucifloro, sepalis tepalisque oblongolanceolatis acuminatis, labello trifido, laciniis lateralibus angulatis supra medium abrupte divaricatis, lacinia antica oblonga apiculata, calcari gracillimo ovarium pedicellatum subaequante.
Dimensiones Phaji bicoloris Lindl.
Sierra del Crystal. W. Trop. Africa. Lat. 10 N. G. Mann 1624. Obs. Phajus Hookerianus licet apparatus pollinicus Epidendreae cujusdam in flore uno inhaeserit. omnino non est Phajus, sed potius videtur Warrea, qua de re alio loco.

82. **Microstylis stelidostachya** Rchb. f. Mss. Herb. Kew Nov. 2. 1876: usque ultra pedalis, habitu Microstylidis monophyllae var. diphyllae, caule sub foliis tenui, foliis a basi lata rotundata semiovato triangulis bene evolutis, pedunculo longe racemoso, racemo laxiusculo, bracteis triangulis ovaria pedicellata haud aequantibus, sepalis oblongis obtuse acutiusculis, tepalis linearifalcatis, labello humerato oblongo bilobo, columna genetica.
Princes Island. Mann 1861. Nr. 1151. (Herb. Kew.)

83. **Bulbophyllum coriscense**: rhizomate repente, pseudobulbis contiguis ovoideis semen Pisi magnis, foliis cuneato oblongis obtusis, (0 m, 015 longis, 0 m, 008 latis), pedunculo paucifloro, floribus illis Bulbophylli recurvi Lindl. aequalibus, bracteis ovatis acutis trinerviis ovaria pedicellata excedentibus, sepalis triangulo acuminatis, paribus falcatis, tepalis oblongis obtusissimis uninerviis minutis, labello rhombeo, lateribus obtusangulis supra angulum minutissime denticulatis, antice obtuse acuto, lineis callosis geminis apice confluentibus, ceterum per longitudinem subparallelis, callo lineari basin versus interjecto, columnae dentibus apice minutis.
Corisco Bay. August 1862. N. Trop. Af. Lat. 10. G. Mann 1883. (Il. Kew).

84. **Bulbophyllum oreonastes**: rhizomate repente, pseudobulbis distantibus pyriformibus seu fusiformibus, tetragonis (nunc trigonis?) (0 m, 02 altis, 0 m, 01 latis) diphyllis, foliis cuneato oblongis apice inaequali bilobis, (0 m, 035 : 0 m, 017), pedunculo triquetro patenti, racemoso, bracteis triangulis minutis ovaria pedicellata longe non aequantibus, mento haud magno, sepalis triangulis acuminatis, tepalis linearibus obtuse acutis, utrinque supra basin angulatis, labello oblongo rhombeo, utrinque obtusangulo, ante basin utrinque et medio canaliculato, hinc

quadricarinato, columna apice tridentata dentibus lateralibus retuso tridenticulatis. — Dimensiones Bulbophylli recurvi Lindl., sed racemus multo minus floridus. Cameroon mountains G. Mann. Nr. 2122. (H. Kew.)

85. **Habenaria (Bilabrellae) Kilimanjari**: ultra pedalis, foliis infimis —. caulinis linearilanceis acuminatis, racemo elongato, plurifloro, densifloro, bracteis lanceis ovariis pedicellatis subaequimagnis, iisve brevioribus, sepalo impari oblongoligulato acuto, sepalis lateralibus oblongolanceis curvatis, tepalis bipartitis partitionibus lanceis trinerviis, partitione superiori longiori, labelli tripartiti partitionibus lateralibus lanceis assurgentibus arcuatis, partitione media lineari porrecta, ovario sine pedicello aequali, calcari filiformi ovario pedicellato aequali, antherae canalibus arcuatis, stylinis cruribus porrectis.

Habenariae diviti similis floribus majoribus tepalisque recedens.

Around Kilimanjaro. Mr. New. Comm. Mrs. Oakeshott (Herb. Kew.)

86. **Disa coerulea** = Brownleea coerulea Harv.
87. **Disa macroceras** = Brownleea macroceras Sd.
88. **Disa recurvata** = Brownleea recurvata Sd.
89. **Disa parviflora** = Brownleea parviflora Harv.
90. **Holothrix aspera** = Bucculina aspera Lindl.
91. **Holothrix Monotris** = Monotris secunda Lindl.
92. **Holothrix pilosa** = Saccidium pilosum Lindl.
93. **Holothrix squamata** – De Roemera squamata Rchb. f.
94. **Holothrix unifolia** = De Roemera unifolia Rchb. f.
95. **Holothrix aphylla** = Orchis aphylla Forsk.! Posideo specimen ex herbario Lehmanniano, quod ill. Lindley vidit.
96. **Holothrix Burchellii** = Scopularia Burchellii Lindl.
97. **Holothrix Scopularia** = Scopularia secunda Lindl.
98. **Holothrix grandiflora** = Scopularia grandiflora Sd.
99. **Holothrix Lindleyana** = Tryphia secunda Lindl., quae ob citatam Thunbergianam Orchidem secundam mixta est cum sequente.
100. **Holothrix secunda** = Orchis secunda Thunb.! = Tryphia major Sd.
101. **Holothrix parviflora** — Tryphia parviflora Ldl.
102. **Holothrix orthoceras** = Tryphia orthoceras Harv.
103. **Holothrix tridentata** = Peristylus tridentatus Hook. f.
104. **Bartholina Lindleyana** = Bartholina pectinata Lindl.! nec Orchis pectinata Thunb.
105. **Bartholina pectinata** = Orchis pectinata Thunb.! Bartholina Burmanniana Ker „B. pectinata Lindl." in Endl. Ic.